钱穆先生著作

[ 新校本 ]

钱穆先生著作

［新校本］

# 周　公

钱穆　著

九 州 出 版 社

JIUZHOUPRESS

**图书在版编目（CIP）数据**

　　周公 / 钱穆著. -- 北京：九州出版社，2018.1
（2019.4重印）
　　ISBN 978-7-5108-6606-7

　　Ⅰ．①周… Ⅱ．①钱… Ⅲ．①周公—人物研究 Ⅳ.
①K827=24

　　中国版本图书馆CIP数据核字(2018)第025198号

## 周公

| | |
|---|---|
| 作　　者 | 钱穆 著 |
| 出版发行 | 九州出版社 |
| 责任编辑 | 周弘博 |
| 装帧设计 | 陆智昌 |
| 地　　址 | 北京市西城区阜外大街甲 35 号（100037） |
| 发行电话 | （010）68992190/3/5/6 |
| 网　　址 | www.jiuzhoupress.com |
| 电子信箱 | jiuzhou@jiuzhoupress.com |
| 印　　刷 | 三河市国新印装有限公司 |
| 开　　本 | 880 毫米 ×1230 毫米　32 开 |
| 印　　张 | 4.25 |
| 插页印张 | 0.25 |
| 字　　数 | 79 千字 |
| 版　　次 | 2018 年 4 月第 1 版 |
| 印　　次 | 2019 年 4 月第 2 次印刷 |
| 书　　号 | ISBN 978-7-5108-6606-7 |
| 定　　价 | 32.00 元 |

素书楼

富潤屋德潤身心廣體胖
故君子必誠其意

大學

錢穆

钱穆先生书法

# 新校本说明

钱穆先生著作简体新校本，经钱胡美琦女士授权出版，以钱宾四先生全集编辑委员会所编《钱宾四先生全集》繁体版为本，进行重排新校，订正其中体例、格式、标号、文字等方面存在的疏误，内容保持《全集》版本原貌。

本书于一九三二年一月由上海商务印书馆出版，收入商务小丛书，至一九六七年七月，台北商务印书馆据原版影印，为台一版，收该馆人人文库之中。

九州出版社

# 目　录

# 弁　言

　　中国之有孔子，其影响之大且深，夫人而知之。然孔子之学术思想，亦本于中国固有之民族性，构成于历史的自然之发展，决非无因而致者。孔子晚年，有"久矣！不复梦见周公"之叹，则其壮年以来之于周公，其思慕之忱为何如？《孟子》云"周公、仲尼之道"，后世亦每以周、孔并称，非无故也。

　　抑周公当周室草创之初，辅佐武王、成王成就大业，虽非身承王统，以视孔子之栖栖遑遑，席不暇暖，遭时不利，终身于穷庐者，其隐显通塞之间，固已殊矣。孔子之于周公，既梦寐不忘，其间岂无精神脉络相通之点！然自其时代观之，两圣之相去五百余年，文运之升降，政治之盛衰，人情风俗之变迁推移，有不可同日而语矣。故以孔子以后之思想，用以说明周公，必有所不可通者。欲究周公之真相，不可不根柢于周初之材料，乃可以考其境遇，绎其学术，而求其思想。若以后世纷纷附会之说，悉以归之周公，虽或可以描出一理想的人物，然亦必不得为周公之真也。

意殷末周初，实产出春秋、战国时代之文化的渊源之涵养期也。决非枯澹寂寞，而郁勃有兴国之气象焉。周公者，又其时代思想之最好的代表人也。苟能于周公其人，博考详察，则于探中国古代文化之渊源，与夫孔子学术之由来，皆思过半矣。

近人或谓中国历史，自春秋、战国以后，始有可考；其前之文化，率不过后人之假托；此又速断之论也。观于春秋、战国之时，繁文缛礼，已臻其极。终而为纷乱之世，战斗攻伐，惟日不足，而学术文采，照耀百世。诸子竞出，不可胜数。是岂突然而起者！其必有所渊源于数百年之前矣。殷末周初，实涵育其渊源之时也。苟明社会进化之以渐不以骤，则其理亦非难见。（以上节译林氏原序大意）

日人林泰辅著《周公与其时代》一书，将关于周公及其时代之材料散见各书者，为之掇拾，求其一贯之事实。以《诗》《书》为主，参以其他古籍，以考周公之行事，又绎其学术思想；更取《周官》《仪礼》及《周易爻辞》，古来所称周公之著作者，一一详为比论，以辨其果出周公与否。书分三编：第一编为《周公之事迹》，第二编为《周公之学术及思想》，第三编为《周公与周官仪礼周易爻辞之比较》。虽其辨订时有未臻完密之嫌，未可遽为定论，亦专门的研究周公之一巨著也。其第一编《周公事迹》，排比明备，尤为学人所需。课徒之暇，因为摘译，以付梓人。间有异同之见，不复屡及。至于译笔之疏，草促之讥，所不敢辞也。

# 第一章　周公之家系及性行

## 第一节　周公之家系

周公为千古伟人，虽甚著明，顾其事迹之详细，已不能知，仅有断片的记载，散见各书，为之收拾，差可窥其概略而已。而其间异同真伪，混淆错杂，殊难捕捉其真相。惟虽系传说，真伪未审，亦多属于常识之事，于古代伟人通弊奇迹、异行之类甚少；盖以周公为人，本不好奇炫异故也。其后中庸圆满之孔子，为之思慕不已，非偶然也。

周公名旦，文王之子，武王之弟，以采邑在周，称周公。谯周《古史考》云："以太王所居周地为其采邑，故谓周公。"《史记·鲁世家·索隐》亦云：

　　　　周，地名，在岐山之阳，本太王所居，后以为周公之采邑，故曰周公。即今之扶风雍东北故周城也。

其地在今陕西省岐山县。谥文公，《国语·周语》有周文公之颂，韦昭注："文公，周公旦之谥也。"当时赐谥之制，尚未普行，周公之谥，盖特表优遇之意也。

周公父文王有圣德，当别详，此不述。母太姒即文王之正妃，《诗·大雅·大明》所谓："有命自天，命此文王。于周于京，缵女维莘。长子维行，笃生武王。"是莘国之长女也。邹忠胤（《诗传阐》卷十九）本"缵女维莘"之语，以太姒为文王继妃。魏源《诗古微》（卷十三）以之通于《白虎通》之《鲁诗说》，谓：

> 人君及宗子，父母没，自定娶者，卑不主尊，贱不主贵，故自定之也。《昏礼》经曰："亲皆殁，己聘命之。"（《嫁娶》）

牟庭本《大雅·思齐》诗："思齐太任，文王之母。思媚周姜，京室之妇。太姒嗣徽音，则百斯男。"谓文王之元妃曰周姜，周姜无子，太姒继之。（《周公年表》）虽未能断其信否，亦可以备一说。

莘者，《大明》上文云："文王初载，天作之合。在洽之阳，在渭之涘。"《读史方舆纪要》陕西同州郃阳县下论之云：

> 洽，水名也。故《诗》曰："在洽之阳。"其后
> 流绝，故去水加邑。莘城在县南二十里，古莘国。
> 武王母太姒为莘国女。《诗》曰："缵女维莘"，是矣。
> （卷五十四）

是也。

母之性质，影响及其子者甚大，古今不乏其例。今考太姒
为人，如《周南·葛覃》《卷耳》《螽斯》诸诗，旧说皆咏太姒：
《葛覃》有勤俭孝敬之德；《卷耳》太姒慰劳使臣之室家，有怜
下教贞之意；（见《韩诗》）《螽斯》见其不妒忌。《列女传》又
述太姒之德云：

> 太姒者，武王之母，禹后有莘姒氏之女。仁而
> 明道，文王嘉之，亲迎于渭，造舟为梁。及入，太
> 姒思媚太姜、太任，旦夕勤劳，以进妇道。太姒号
> 曰文母。文王理阳道而治外，文母理阴道而治内（中
> 略）太姒教诲十子，自少及长，未尝见邪辟之事。
> （卷一）

虽属后世之言，亦可得其大要。

周公兄弟甚多，《思齐》之诗云："太姒嗣徽音，则百斯男。"固属夸大之言，正妃太姒所生同母兄弟凡有十人如左：

一、伯邑考

二、武王发

三、管叔鲜

四、周公旦—伯禽

五、蔡叔度

六、毛叔郑

七、成叔武（武，《列女传》《白虎通》作处。）

八、霍叔处（处，《列女传》《白虎通》作武。）

九、康叔封

十、冉季载（冉，《列女传》《古今人表》作聃，《白虎通》作南。）

伯邑考者，《礼记·檀弓》云："文王舍伯邑考而立武王。"《尚书·中候》亦云："文王废伯邑考，立发为太子。"（《初学记》卷十）崔述云："管叔乃周公之兄，不称仲而称叔，亦似武王有伯兄者。"（《丰镐考信录》卷二）据此，《檀弓》《中候》之言近信。伯邑考虽长子，终废不得嗣位。《史记》云：

　　　同母昆弟十人，唯发、旦贤，左右辅文王。故

> 文王舍伯邑考而以发为太子。(《管蔡世家》)

盖得其事。《逸周书·世俘解》述武王灭殷格于庙,"自太王、太伯、王季、虞公、文王、邑考以列升,维告殷罪",则伯邑考乃早世者。《帝王世纪》:"纣烹伯邑考为羹,以赐文王。"盖出后世附会。

《史记》以管叔为兄,周公为弟。《列女传》(《母仪》)、《白虎通》(《姓名》)以周公为兄,管叔为弟。《金縢·孔传》亦同。陈立《白虎通疏证》,引《后汉书·樊儵传》《张衡传》《魏志·母丘俭传》,及《邓析子》《傅子》等诸书,见古来以管叔为弟者亦不少。惟《孟子》"周公弟也,管叔兄也"(《公孙丑下》),同于《史记》,今从之。成叔、霍叔之名,《史记》与《列女传》《白虎通》互错。他书所记,率同《史记》。冉季载之聃又作南,皆同音通用,非异说也。《春秋》隐公九年:"天王使南季来聘。"南季盖其后裔矣。

更考之《左传》富辰之言:"管、蔡、郕、霍、鲁、卫、毛、聃、郜、雍、曹、滕、毕、原、酆、郇,文之昭也。"(僖二十四年)竹添光鸿《春秋左氏会笺》云:"管、蔡、郕、霍、鲁、卫、毛、聃,当是武王之母弟八人也。下八国是庶子。"其排列虽不依序,前八人为同母弟,后八人为庶子,盖可有之。又卫祝鮀言:

武王之母弟八人，周公为太宰，康叔为司寇，聃季为司空。五叔无官，岂尚年哉？曹，文之昭也。晋，武之穆也。曹为伯甸，非尚年也。（定四年）

杜注五叔："管叔鲜、蔡叔度、成叔武、霍叔处、毛叔聃也。"又解"曹，文之昭也"，谓："文王子，与周公异母。"

今按：毛叔聃即毛叔郑。《左传》上云五叔无官，下别提曹，曹叔乃异母弟可知。而毛叔郑又见于《逸周书·克殷解》，《史记·周本纪》从之，《汉书·古今人表》不举其名，殆即见于《毛公鼎铭》之毛公𤴓，辅成王竭力内外之事，颇著劳绩。"郑"，钟鼎文作"奠"，不从邑，而"奠"与"尊"为同字，钟鼎文尊彝之"尊"率作"𨤔"，毛叔名盖非"郑"而为"尊"。"𤴓"不见于《说文》，恐即《玉篇》广部之"𤴓"字，音闇，又音盦，与陰（亮陰之陰）同，"𤴓""尊"音韵相通也。杜预加毛叔聃于五叔之中，虽不误，而谓毛叔名聃者，亦由"聃""𤴓"音近故也。

由是观之，曹叔非武王之母弟，不得充八人之数。《史记》《列女传》《白虎通》诸书载曹叔振铎于蔡叔之次，《尚史·诸臣传》易之以毛叔郑（尊），其见卓矣。今从之。康叔于同母弟中为最贤，周公特钟爱之。《康诰》："已，汝惟小子，未其有若汝封之心。朕心朕德惟乃知。"《左传》："太姒之子，唯周公、康叔为相睦也。"（定六年）皆可证。

周公同母兄弟既如上述，至异母兄弟则不甚详。《左传》"郜、雍、曹、滕、毕、原、酆、郇，文之昭也"，其最著者为毕公，次则曹叔、滕叔。

《史记·魏世家》："毕公高与周同姓。武王之伐纣，而高封于毕，于是为毕姓。"《汉书·古今人表》，毕公文王子，马融《左传注》谓文王庶子，《皇王大纪》："封庶叔高于毕，留相周。"（卷十二）叔振铎封曹，见《史记·管蔡世家》，其非武王同母弟，前既述之，是亦文王庶子也。《汉书·古今人表》，滕叔绣、原公、郜子、雍子、酆侯、郇侯，皆文王子，而原公、郜子以下，其名不详。《左传》："滕侯、薛侯争长。滕侯曰：'我，周之卜正也。'"（隐十一年）则滕叔为周之卜正。要之，富辰之言，随口胪列，不必次第其先后，则其长幼之序不可知矣。

又召公奭亦有为文王庶子之说。《白虎通》："召公，文王子也。"（《王者不臣》）陈立论之曰：

> 《穀梁》庄三十二年："燕，周之分子也。"注："分子，谓周之别子孙也。"《诗疏》引皇甫谧说，以为文王庶子。王充《论衡·气寿篇》，以召公为周公

之兄。《史记·燕世家》，以召公与周同姓。《诗疏》引谯周《古史考》，又以为周之支族。案此自用《榖梁》说。惠栋《古义》云："分子犹别子。《礼大传》云：'别子为祖。'注云：'别子为公子。'然则继体者为世子，别于世子者为别子。则召公其文王长庶欤？"（《疏证》卷七）

惟《左传》富辰之言不举燕，《史记》亦仅谓与周同姓，其果文王之庶子与否，今不能详，姑俟后考。

周公之夫人为任氏。《左传》宗人衅夏曰："周公娶于薛。"（哀二十四年）薛，任姓之国也。其性行无所考。元子伯禽封于鲁。《礼记·曾子问》：

> 子夏问曰："三年之丧，卒哭，金革之事无辟也者，礼与？"（中略）孔子曰："吾闻诸老聃曰：'昔者，鲁公伯禽有为为之也。'"

郑注："有徐戎作难，丧卒哭而征之，急王事也。"孔疏："成王即位之时，周公犹在，则此云伯禽卒哭者，为母丧也。"果如其说，伯禽之母，即周公之夫人任氏，殁于成王即位之初矣。

周公之子，伯禽外，得封者六人。《左传》："凡、蒋、邢、茅、胙、祭，周公之胤也。"（僖二十四年）又："为邢、凡、蒋、茅、胙、祭，临于周公之庙。"（襄十二年）其事实今不详。《通志·氏族略》："蒋氏，周公之第三子伯龄所封之国也。"（卷二）既有元子伯禽，其第三子又称伯龄，颇可疑，今不取。又《礼记·坊记》郑注："君陈，盖周公之子，伯禽弟也。"亦无确证。

## 第二节　周公之性行

武王、周公，于兄弟中最为杰出，周公天禀异常人，《史记》："自文王在时，旦为子孝，笃仁，异于群子。"（《鲁周公世家》）其少时，既崭然露头角可知。《淮南子》：

> 周公事文王也，行无专制，事无由己，身若不
> 胜衣，言若不出古。有奉持于文王洞洞属属，如将
> 不能，如恐失之，可谓能子矣。（《泛论训》）

此言周公之孝也。同书又云："周公惭乎景，故君子慎其独也。"（《缪称训》）《荀子》书引孔子之言："周公其盛乎！身贵而愈恭，家富而愈俭，胜敌而愈戒。"（《儒效》）亦言其谨慎。《荀子》乃谓是殆非周公之行，非孔子之言。其为孔子之言与否，

固不可知，然不可谓必非周公之行也。《论语》亦云："如有周公之才之美，使骄且吝，其余不足观也已！"（《泰伯》）则其材力之优秀而又谨慎可知。《吕氏春秋》引周公之言：

> 不如吾者，（毕沅云："旧本作吾不如者，今从《意林》改正。"）吾不与处，累我者也。与我齐者，吾不与处，无益我者也。惟贤者必与贤于己者处。（《观世》）

可见其进修求益之心之切矣。《孟子》曰：

> 周公思兼三王，以施四事。其有不合者，仰而思之，夜以继日。幸而得之，坐以待旦。（《离娄下》）

则周公不独恃其才，其励精刻苦，亦非常人所能及也。当《周公》自乞以身代武王之死，其册祝之辞，以告于大王、王季、文王者，谓"予仁若考，能多材多艺，能事鬼神"，虽有所为而言，亦足与《史记》《论语》所述相发明，知所载之非诬饰矣。

周公之才德卓越寻常如此者，固为出于天禀，亦其父母之训育得宜，有以发达长养其禀性，无疑也。《列女传》：

　　　　　　　　　　　　　　周　公

太姒教诲十子，自少及长，未尝见邪辟之事。

　　及其长，文王继而教之，卒成武王、周公之德。

　　（卷一）


其言盖似自后世推测而记者。

　　周公之容貌风采，已无写真肖像可据，又古记录正确者少，难于详知。《荀子·非相篇》："文王长，周公短。"又云："周公之状，身如断菑。"（杨注："《尔雅》云：'木立死曰椔，与菑同。'"）《白虎通·圣人篇》谓圣人皆有异表，列举伏羲、黄帝以下诸圣人，而曰："周公背偻，是谓强俊，成就周道，辅于幼主。"（《疏证》云："强俊当为强后，与下'主'韵叶。"）《说文》偻字下云："周公祆偻，或言背偻。"（段注："祆者足衣祆。偻者，由足背高隆然，如背之偻也。未闻出何书。"）《论衡·骨相篇》亦有"周公背偻"之言，则其说广行于汉代也。陈立谓《荀子》"如断菑"，亦宜与背偻义同。（《白虎通疏证》卷七）或断菑乃形容背偻之状。要之其为风采之不甚扬可知。此等传说，果为得周公之真相否，殊难断言。或为周末及汉代之俗说，然亦不能谓之必无，因约略述之如此。

# 第二章　周公之活动时代

## 第一节　周公相武王

周公历事武王、成王二朝。其在武王时，年不甚长，事业亦不详。《史记·鲁周公世家》："及武王即位，旦常辅翼武王，用事居多。"《周本纪》：

> 武王即位，太公望为师，周公旦为辅，召公、毕公之徒，左右王师，修文王绪业。

则周公当武王即位之初，即与太公望共为辅相，当国家经营之任也。

文王以断虞、芮之讼之年受命称王改元年，七年而崩，武王继之，不别改元。武王之九年，即文王受命之九年，七年以后，武王在丧中，故《本纪》不载九年以前之事。《尚书大传》《史记》诸书，最得当时情实。（今本《史记·本纪》云十年而崩，《武成》孔疏引作七年，十盖七之误。）《汉书·律历志》，用刘歆三统术，谓文王受命九年而崩，恐误。先儒或疑文王受命改元之说，以后世普通之事实上测古代，殊不足取。又《逸周书·柔武解》"维王元祀"，《大开武解》"维王一祀"，《小开武解》"维王二祀"，《宝曲解》《酆谋解》"维王三祀"，载武王、周公问答，似武王即位或有改元之事。然如《文传解》明云"文王之授命之九年"，《武儆解》云"十有二祀"，《大匡解》《文政解》云"十有三祀"，是当时实有两种之记载，一祀、二祀、三祀，即武王之九年、十年、十一年也。

武王既终丧，奉文王遗志而灭殷。《史记·鲁世家》："武王九年，东伐至盟津，周公辅行。"此所谓武王观兵之役，周公参谋议于帷幕之中也。其出也，为文王木王，载之车中，自称太子发，示非出于私欲，后见机会未至，遂还师，是当有周公之意见参其间，事属密切，不得而详之矣。其后隔一年，十一年一月，再兴东伐之师，终达其目的。《汉书·律历志》云：

　　《周书·武成篇》："惟一月壬辰，旁死霸，若翌日癸巳，武王乃朝步自周，于征伐纣。"《序》曰："一月戊午，师度于孟津。"至庚申，二月朔日也。

四日癸亥，至牧壄，夜陈，甲子昧爽而合矣。故《外
传》曰："王以二月癸亥夜陈。"《武成篇》曰："粤
若来三月，既死霸，粤五日甲子，咸刘商王纣。"
（《逸周书·世俘解》粗同。）

是自一月至三月，而战局告终也。《律历志》系其事于十三年，
然《多方》云："天惟五年须暇之子孙。"自受命七年至十一年，
数之恰合，今从十一年之说。

《鲁世家》更叙周公佐武王事云：

十一年伐纣，至牧野。周公佐武王，作《牧誓》。
破殷，入商宫。已杀纣，周公把大钺，召公把小钺，
以夹武王，衅社，告纣之罪于天，及殷民。释箕子
之囚。封纣子武庚禄父，使管叔、蔡叔傅之，以续
殷祀。遍封功臣同姓戚者。

《孟子》亦云："周公相武王诛纣。"（《滕文公下》）"周公把大
钺"云云，则本之《逸周书·克殷解》也。云"封武庚，使管
叔、蔡叔傅之"者，《孟子》："陈贾曰：'周公使管叔监殷，管
叔以殷畔也，有诸？'孟子曰：'然。'"（《公孙丑下》）是明出
周公之计划也。

其时管叔、蔡叔外，又有使霍叔傅之之说，《逸周书》云：

> 武王克殷，乃立王子禄父，俾守商祀。建管叔
> 于东，建蔡叔、霍叔于殷，俾监殷臣。(《作雒解》)

《汉书》云：

> 邶以封纣子武庚。墉，管叔尹之。卫，蔡叔尹
> 之。谓之三监。(《地理志》)

《帝王世纪》云：

> 自殷都以东为卫，管叔监之。殷都以西为鄘，
> 蔡叔监之。殷都以北为邶，霍叔监之。是为三监。
> (《史记·周本纪·正义》)

三说虽异，大意粗同。(《王制》："天子使其大夫为三监，监于
方伯之国，国三人。"孔疏引崔氏云："此谓殷之方伯，皆有三
人以辅之，佐其伯，谓监所领之诸侯也。"是则置三监或殷制。)
故陈启源论之曰：

殷既三分，三叔当分治之。《汉志》既言管、蔡监卫、鄘，则霍叔监邶，不言可知。又与武庚同国，故略而弗著，非谓武庚亦一监也。《史记正义》引《帝王世纪》，以为管叔监卫，蔡叔监鄘，霍叔监邶。此言管、蔡所监，虽与《汉志》异，而言霍之监邶，足补《汉志》之未及也。（中略）盖二叔监之于外，以戢其羽翼。霍叔监之于内，以定其腹心。当日制殷方略，想应如此。（《毛诗稽古篇·邶鄘卫》）

盖三监乃殷之辅相，非邶、鄘、卫之君，如春秋时郑庄公克许，使许叔居东偏，公孙获居西偏也。《诗地理征》（邶）、《诗古微》（卷三）说皆同。惟崔述谓："霍叔见《伪古文尚书》，《左传》《史记》皆仅言管、蔡而不及霍叔，《帝王世纪》本《伪尚书》，乃无稽之说。"（《丰镐考信录》卷四）孙诒让谓："武庚、管叔、蔡叔乃三监之正，霍叔特相武庚而为副。"（《周书斠补》卷二）是皆未免考证之疏也。

灭殷后又封诸侯，《周本纪》云：

武王追思先圣王，乃褒封神农之后于焦，黄帝之后于祝，帝尧之后于蓟，帝舜之后于陈，大禹之后于杞。

周　公

《礼记·乐记》《吕氏春秋》《韩诗外传》诸书，皆有相类之记载。
其封功臣同姓戚者，《周本纪》又述其事云：

> 于是封功臣谋士，而师尚父为首封，封尚父于
> 营丘曰齐，封弟周公旦于曲阜曰鲁，封召公奭于燕，
> 封弟叔鲜于管，弟叔度于蔡，余各以次受封。

周公之封鲁，又见于《吕氏春秋》（《长见》），《史记·鲁世家》
《管蔡世家》等篇所载皆同。惟《诗·鲁颂·閟宫》云：

> 王曰："叔父，建尔元子，俾侯于鲁。大启尔宇，
> 为周室辅。"乃命鲁公，俾侯于东，锡之山川，土田。

又《左传》云：

> 子鱼曰："昔武王克商，成王定之，选建明德，
> 以藩屏周。故周公相王室以尹天下，于周为睦。分
> 鲁公以大路大旂，（中略）因商、奄之民，命以伯禽，
> 而封于少暤之虚。"（定四年）

《汉书》云：

> 周兴，以少昊之虚曲阜，封周公子伯禽为鲁侯，
> 以为周公主。(《地理志》)

据此，则封鲁者为伯禽，非周公也。故周公不称鲁侯，为畿内之诸侯食采地于周，故称周公，已详前述。

召公奭亦与同例，《史记·燕召公世家》注引《古史考》曰："周之支族，食邑于召，谓之召公。"而《索隐》则云：

> 召者，畿内采地。奭始食于召，故曰召公。或
> 说者以为文王受命，取岐周故墟周、召地，分爵二
> 公，故《诗》有《周》《召》二"南"，言皆在岐山
> 之阳，故言南也。后武王封之北燕，在今幽州蓟县
> 故城是也。亦以元子就封，而次子留周室代为召公。

其所本虽不详，盖为事实也。

然则周公、召公皆畿内诸侯，鲁地为东征时之奄国，伯禽之封当在其后。而召公之封燕则又后焉。《左氏会笺》云：

> 盖周初之制，亲戚功臣之受禄，内外皆有之。

周、召、毕、郇在畿内者也。齐、卫、曹、滕在畿外者也。不以内外分轻重也。周公既受禄于周矣，何事又封于鲁？至成王之世，周公内辅政事，外定商、奄，制礼乐，靖四方。成王以为周公功大，无以为报，故别封伯禽于鲁，而使其次子袭畿内之封。其后于召公遂亦援以为例，而别封于燕耳。周衰，王室东迁，内诸侯渐微，而外诸侯之势盛。由是后人不复知周公之先已受采于周，而但疑周、召之受封，不当在蔡、卫、曹、滕之后，遂以为武王之世，齐、鲁同时而封，误矣。（定四年）

此说极明了。

功臣同姓戚者之封，《周本纪》所举齐及管、蔡外，见于《管蔡世家》者，有振叔铎封曹，叔武封成，叔处封霍，皆所谓以次受封也。其他则不详。《左传》："昔武王克商，光有天下，其兄弟之国者十有五人，姬姓之国者四十人，皆举亲也。"（昭二十八年）《荀子》谓："周公兼制天下，立七十一国，姬姓独居五十三人。"（《儒效》）是盖出于周公之计画，而并数以后之封爵，不皆行于武王之世也。

武王既封诸侯，征九牧之君登汾阜（殷郊也），望商邑而永叹，还至东周，终夜忧劳不寝，告周公曰：

> 呜呼！旦，惟天不享于殷，发之未生，至于今六十年，夷羊在牧，飞鸿满野，天自幽不享于殷，乃今有成。维天建殷，厥征天民名三百六十夫，弗顾，亦不宾戚，用戾于今。呜呼！予忧兹难，近饱于恤。辰是不室，我未定天保，何寝能欲？（《逸周书·度邑解》。朱右曾云："欲，安也。"）

此武王自述其为未定天保而忧劳也。于是武王乃有传位周公之意。《逸周书》述之曰：

> 王曰："（中略）日夜劳来，定我于西土。我维显服，及德之方明。（暗指周公。）"叔旦泣涕于常（与裳通），悲不能对。王□□传于后。王曰："旦，汝维朕达弟，予有使汝，汝播食不遑暇食，矧其有乃室！今维天使予。惟二神（王季、文王）授朕灵期，（灵与零同，谓徂落之期也。）予未致于休，予近怀于朕室。汝维幼子（指周公）大有知。昔皇祖（后稷）底于今，励厥遗得。显

义告期，付于朕身。肆若农服田饥以望获。予有不显，朕皁皇祖不得高位于上帝。汝幼子庚厥心，庶乃来班朕大环，兹于有虞意。乃怀厥妻子，德不可追于上，民亦不可答于下，朕不宾（列也）在高祖，维天不嘉，于降来省（通眚），汝其可瘳于兹。乃今我兄弟相后，我篚龟其何所即，今用建庶建。"（朱右曾云："不传子而传弟，故曰庶建。"）叔旦恐，泣涕共手。（《度邑解》）

王下阙字，朱右曾谓当是"欲旦"二字（《校释》），孙诒让谓疑阙"命旦"二字（《周书斠补》卷二），陈逢衡谓当是"其敬"二字（《补注》卷十一），今不可定。要之，王谓兄弟相后，欲传位周公则无疑也。

《史记·周本纪》据《逸周书》载武王征九牧之君，望商邑，曰定天保、依天室云，而不载欲传位周公事，盖所不取。然深察当时情事，周承殷代兄弟相及之后，成王幼弱，周室安危，系于周公之一身，武王欲相传位，亦当然之事。以周公不之从，乃更属小子诵（成王）于周公也，事见《逸周书·武儆解》。

武王自克殷后二年，即十三年，罹于疾，周公以天下未宁，不可一日无武王，告于太王、王季、文王，祈以身代。武王疾有瘳。然《史记·封禅书》谓："武王克殷二年，天下未宁而崩。"是武王即崖于是年也。《淮南子》："武王立三年而崩。"（《要略》）《周本纪》谓："武王有瘳，后而崩。"其说盖同。《逸周书》（《明堂》）、《竹书纪年》等，则谓六年而崩。《管子》："武王伐殷，克之，七年而崩。"（《小问》）《逸周书·作雒解》"武王克殷，（中略）既归，乃岁十二月崩镐。"孔晁注："乃谓乃后之岁也。"

今案：乃者厃（即厥）之误，乃岁即厥岁也。其说过早，与《金縢》不合，特言十二月，足为他书补阙。合之《淮南子》、《封禅书》，武王盖以克殷后二年即十三年十二月崩。

武王自受命九年至十三年凡五年，周公辅之灭殷兴周，开王业之基，百世经纶犹未六定而武王崩。于是周公之责任愈大，虽不嗣立，然实处与嗣立同样之地位；而周公绝世之才德，遂愈益发扬其光辉焉。

# 第二节　周公之摄位

武王既崩，周公专相成王，当时周公之地位何如乎？古来辨说纷纷，不可不求一明白之解决。则请自成王之身考察之。

周　公

成王幼弱，厥为普通之说，然亦不无多少之异同：

一、谓其漠然在襁褓之中，如《史记·周公世家》"成王少，在强葆之中，周公恐"云云是也。

二、谓其年六岁，贾谊《新书》"周成王年六岁，即位享国"（《修政语下》）是也。

三、谓其年十岁，郑玄"武王崩时，成王年十岁"（《尚书·金縢》疏）是也。

四、谓其年十三岁，王肃《孔传》："武王崩，成王年十三。"《公羊疏》引《古尚书说》云："武王崩时，成王年十三。"（隐元年）是也。《论衡》："召公戒成王曰：'今王初服厥命，於戏若生子，罔不在厥初生。'生子谓十五。"（《率性》）此谓成王除丧时年十五，亦同《古尚书说》。

于上诸说，先儒从违各不同。魏源驳襁褓之说云：

若襁褓负扆之言，则由于误读《保傅篇》之文，以成王为太子时事，讹为即天子位后之事。（《诗古微》卷十）

而谓《古尚书说》为可信。又说：

成王丧毕，年十五而冠矣。故能读《鸱鸮》

之诗，悟《金縢》之策，胜爵弁之服，有归禾之弟。岂有襁保之说，负扆之期哉？（同上卷三）

崔述更有一说，辨成王之非幼弱：

> 《文王·世子篇》云："文王九十七而终，武王九十三而终，成王幼不能莅阼。"则是武王年八十余而始生成王，六十余而始娶邑姜也。此岂近于情理哉？（中略）凡《戴记》所载武王、成王之年，皆不足信。况周公之东也，唐叔实往归禾，则成王之不幼明矣。（《丰镐考信录》卷四）

今考成王即位年龄，周代遗籍，已无确证。惟武王崩于文王之崩后五年，必不有九十三之寿。而汉儒所传，亦不能悉谓其诬罔。在襁褓之中，固不可信，至十三岁之说，所谓虽不中亦不远，其未达成年可无疑也。

成王既未达成年，其不能不赖于他人之辅翼可知，此周公摄政之所不获已也。然叶梦得则谓：

> 盖武王崩，周公以冢宰摄政，此礼之常。摄者摄其事，非摄其位。世见周公在丧之摄，不知

其非以周王幼而摄。

崔述亦云：

> 盖古者君薨，百官总己以听于冢宰三年。子张曰："《书》曰：'高宗谅阴，三年不言。'何谓也？"孔子曰："何必高宗，古之人皆然。"然则武王崩时，周公盖以冢宰摄政。不幸群叔流言，周公东辟，遂不得终其摄。及成王崩，召公鉴前之祸，遽奉子钊以朝诸侯，由是此礼遂废。后之人但闻有周公摄政之事，而不知有冢宰总己之礼，遂误以成王为幼。又见《洛诰》之末，有"周公诞保文、武受命，惟七年"之文，遂误以为摄政之年数耳。（《丰镐考信录》卷四）

诸家是谓周公平时不称王，临大事，系天下安危，则权而称王。故钱塘谓之摄王，并举其所谓大事之见于古书者云：

> 公之摄政恒也，摄王非恒也。出政之谓摄政，称王之谓摄王。王者有大事则摄。平时固摄政之冢宰也，特以子视成王焉，大事摄王。（中略）

> 凡公摄政七年，称王者三而已，皆系天下之安危，
> 征武庚，命微子，封康叔是也。（《溉亭述古录》）

惟《大诰》之"王若曰"，即解为成王，尚无不可。至《康诰》之"王若曰：'孟侯，朕其弟，小子封。'"则非解为周公，文义上决不可通矣。盖康叔封王，在成王时，若王为成王，即不得云其弟也。于是自宋胡宏以下，有以《康诰》为武王之书者，全出臆说，无足取。（后章于《康诰》更有论及。）

然王肃反之曰："称成三命，故称王。"（《礼记·明堂位疏》）后儒从之者，有林之奇（《全解》）、焦循（《补疏》）、刘逢禄（《书序述闻》）、宋翔凤（《略说》）、魏源（《诗古微》卷十）诸家。刘逢禄尤极口诋击荀子，其言曰：

> 诬圣乱经，自孙卿始。（中略）后世乱臣贼子，袭是迹而文其奸言，以窃天位。开其端者，孙卿也。孟子之时，未有是说，故辨益、伊尹而不及周公。汉初诸儒，多出孙卿。故言周公之事，大抵以为摄天子位，假王者号。襀襀褕褕，莫知其非，仅拘觏夫文辞，而遂以胎滔天之恶，言顾可不慎哉！（《书序述闻》）

周　公

以王莽之篡汉拟于周公以欺天下，遂谓周公之无其事。是犹据燕相子之之欺王篡国，遂谓尧、舜之不当相让也。

夫以后世之情理，测古代之事实，以谓其有乖名分，而不知君臣上下之名分，古代不必如后世之截然其不可易也。况周公当王业草创之际，处非常之境，一有蹉跌，不可挽回，将何以自对于先王之灵。故勇往直前，取非常之处置，此真所谓权道。后世乱臣贼子之将袭迹与否，固非顾虑之所及也。孟子云："伊尹放太甲于桐，民大悦。太甲贤，又反之。"（《尽心上》）伊尹之于太甲，为异姓之卿，尚犹如此。况以周公之懿亲，将以完成文、武之绪业，其践天子之位，岂足深怪哉！

## 第三节　周公之东征

此皆谓周公摄政，乃冢宰摄政之常例，不为成王年幼而摄也。然成王既未达成年，不可谓与周公摄政更无关系，旧来之说，未必定误。

《左传》称："周公为太宰。"（定四年）太宰即冢宰，惟其摄政则决非谅暗中普通之摄政。今观《荀子》《礼记》以下诸书所见率有周公践天子位之说。

武王崩，成王幼，周公屏成王而及武王以属天下，恶天下之倍周也。履天子之籍，听天下之断，偃然如固有之，而天下不称贪焉。（中略）成王冠成人，周公归周反籍焉，明不灭主之义也。周公无天下矣。乡有天下，今无天下，非擅也。成王乡无天下，今有天下，非夺也。变埶次序节然也。故以枝代主，而非越也。以弟诛兄，而非暴也。君臣易位，而非不顺也。因天下之和，遂文武之业，明枝主之义，抑亦变化矣，天下厌然犹一也。非圣人莫之能为。（《荀子·儒效》）

成王幼不能莅阼，周公相，践阼而治。（《礼记·文王世子》）

仲尼曰："周公摄政，践阼而治。"（同上）

武王崩，成王幼少。周公继文王之业，履天子之籍，听天下之政。（《淮南·泛论》）

周公践天子之位七年。（《韩诗外传》卷三，同书卷七云："履天子之位。"）

周公践天子之位。（《说苑·君道》）

周公摄天子位七年。（同上《尊贤》）

以上所举，《荀子》之文最为有力。其"变埶次序节然也。故以枝代主而非越也。君臣易位而非不顺也。抑亦变化矣"云云，说明处非常之境，不得不行非常之权也。《荀子·臣道篇》，举大忠、次忠、下忠、国贼四类，谓以德复（报也）君而化之，大忠也。若周公之于成王也，可谓大忠矣。于周公态度极为称扬。又《尸子》云："昔者，武王崩，成王少，周公旦践东宫，屡乘石，祀明堂，假为天子七年。"（《艺文类聚》卷六）《韩子》云："周公旦假为天子七年，成王壮，授之以政。"（《难二》）皆谓践天子之位，非真为天子，特假摄其位耳。

据上而论，周公或可有称王之事。《尚书·大诰》"王若曰"云云，郑玄曰："王，周公也，周公居摄，命大事，则权称王也。"（《尚书疏》）后儒从之者，有江声（《音疏》）王鸣盛（《后案》）、孙星衍（《今古文注疏》）、钱塘（《述古录》）、陈乔枞（《今文尚书经说考》）、林兆丰（《隶经剩义》）、王先谦（《孔传参正》）。

周公之地位，既为太宰而摄政，又复摄位践天子阼，既如前述，其势力之赫奕，可无待言。在周公求以完成文、武之绪业，更无一毫之私心，而盛满难居，人事多不如意，乃有大变之起。

《尚书·金縢》曰："武王既丧，管叔及其群弟乃流言于国曰：'公将不利于孺子。'"群弟者，即指同监殷之蔡叔、霍叔而言也。于是周公会群臣于闳门而告之曰："在昔有国，其有大门、宗子、势臣，茂扬肃德，勤于王国王家。慎选元圣武夫，以进于王，然后哲王以兴。至其后嗣，有不恤王国王家之家相，进不顺之辞于王，谗贼娟嫉，以不利于其家国。其人既受显戮，国亦不宁。我不可不监于兹，望荩臣之助予忧。"文见《逸周书·皇门解》，陈逢衡谓当是流言初起晓喻之文。大门、宗子、势臣，暗指三监，荩臣暗指太公望、散宜生等（《逸周书补注》卷十二），颇合当时情事。然晓喻殊不见效，流言不止，更联合而揭叛旗。《孟子》云："管叔以殷畔也。"（《公孙丑下》）《左传》云："管、蔡启商，惎间王室。"（定四年）是管叔、蔡叔实诱导武庚也。《尚书大传》云：

　　管叔疑周公，而流言于国曰："公将不利于王。"奄君、蒲姑谓禄父曰："武王既死矣，成王尚幼矣，周公见疑矣，此百世之一时也。请举事。"然后禄父及三监叛。（《金縢传》）

是奄君亦煽动武庚也。又《书序》："武王崩，三监及淮夷叛。"《费誓》："淮夷、徐戎并兴。"《史记·鲁世家》："管、蔡、武庚等，果率淮夷而反。（中略）淮夷、徐戎，亦并兴反。"《论衡》："成王之时，四国篡畔，淮夷、徐戎，并为患害。"（《儒增》）则淮夷、徐戎亦应之也。此其形势诚有不可侮者。

今考其叛乱所起之地势，管、蔡、武庚，皆居邶、鄘、卫，在今黄河以北，河南卫辉府近傍。奄者，《毛诗传笺通释》云：

> 《皇览》："奄里在鲁。"《括地志》："兖州曲阜县奄里，即奄国之地。"又《补后汉书·郡国志》以鲁为古奄国。是鲁地即奄地也。（卷十六）

淮夷者，《费誓·尚书后案》云：

> 淮安府淮水，从此入海。即《诗》所谓淮浦，大约今淮、扬二府近海之地，皆古淮夷。而此经淮夷则在淮北者也。

徐戎者，段玉裁云：

> 《说文》邑部："郐，邾下邑也，鲁东有郐

城。"《史记·鲁世家》:"顷公十九年,楚伐我,取徐州。"徐广曰:"徐州在鲁东,今薛县。"《索隐》曰:"《说文》:'郐,邾之下邑,在鲁东。'又《郡国志》曰:'鲁国薛县,六国时日徐州。'又《纪年》云:'梁惠王三十一年,下邳迁于薛,故名日徐州。'则徐与郐并音舒。"玉裁谓经言徐戎,谓戎之在郐者,在鲁东切近,击柝相闻,故曰东郊不開。(《古文尚书撰异》)

《逸周书·作雒解》:"周公立,相天子。三叔及殷东徐、奄及熊盈以略(杀略、劫略之'略')。"其下谓熊盈族十有七国,熊盈盖附属于徐、奄之种族也。然则奄及淮夷、徐戎盖自鲁地涉于东南。当时通声息者,实跨于黄河之南北焉。

然其目的则不必同一。武庚自有兴复殷室之意。至于管叔,则江声揣度其情曰:

管叔生当武王、周公之间,习闻商王旧法兄弟相及。谓武王崩,嗣王幼,次当及己,今己为监于殷,而公居摄,疑公蓄异志而踊遣己,故有是流言尔。(《尚书集注音疏·金縢》第七十)

　　　　　　　　　　周　公

又陈启源云：

> 文王之伐密也，管叔谏曰："其君，天下之明君也，伐之不义。"（见《说苑·指武》）是或一见也。所以后启商之叛与？（《毛诗稽古编·附录》）

据此，则管叔或别具一种之见解。奄乃东方强国，既非服于周室，淮夷、徐戎，亦叛服不常，附和雷同而助之，固所然也。

当是时，周公不独在外有管、蔡、武庚之异论，在内复有召公之不说。故《君奭》之书，告于召公，谓我两人不

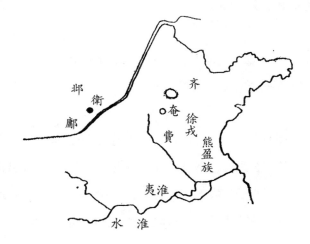

可不协力继志述事，成就王业。虽本文无召公不说之言，而《书序》则谓："召公为保，周公为师，相成王为左右，召公不说，周公作《君奭》。"古来对此遂有纷纷之说，朱子谓："召公不悦，只是《小序》凭地说，里面却无此意。"（《语类》卷七十九）惟召公不说之说，其来甚古，亦未可一概抹煞，然其所以不说者，先儒颇苦无所说明。今考《史记·燕世家》："成王既幼，周公摄政，当国践阼。召公疑之，作《君奭》。"《汉书·王莽传》云：

> 周公服天子之冕，南面而朝群臣，发号施令，常称王命。召公贤人，不知圣人之意，故不说也。

殆为得其实矣。按《君奭篇》云：

> 今在予小子旦，若游大川，予往暨汝奭其济。小子同未在位，诞无我责。

上"小子旦"与"小子"皆周公自称之词，"同未在位"云者，正答召公之疑，谓虽摄政当国践阼，其心一如未践阼时也。旧说下小子指成王，与上小子旦别为一人，文义难通。

以《君奭书》为周公摄政初作，除《史记·燕世家》外，又见于《列子》，云：

> 武王既终，成王幼弱，周公摄天子之政。邵
> 公不悦，四国流言，居东三年。（《杨朱》）

其说与《史记》同。然马融云：

> 召公以周公既摄政，致太平，功配文、武，
> 不宜复列在臣位，故不说，以为周公苟贪宠也。
> （《史记·燕世家·集解》）

徐幹《中论·智行篇》，《后汉书·申屠刚传》注及孔疏，皆
谓周公还政时作，恐误。

《蔡传》本程伊川、吕祖谦诸说，改易旧解，谓召公所
以不悦者，自以盛满难居，欲避权位，退老厥邑，周公反复
告论以留之耳。然召公非上圣，于周公之精神，以天下安危
任之一身者，或不免有所不察。观周公之直前勇往，当大难
之冲，不能不心疑其自任之太过，及闻周公谆谆剖白之言，
乃幡然而悟，此《史记》所以于略叙《君奭》文后，有召公
乃说之言也。《汉书·孙宝传》："周公上圣，召公大贤，尚
犹有不相说，著于经典，两不相损。"即谓此也。

周、召关系既如上述，虽不久即得解决，而至于管、蔡、武庚之变，则非复口舌之所能为力矣。当是时，周室经营方策，既已确立，正着着进步之际，周公争之，虽骤遭大变，不以动其心志。故《金縢》："周公乃告二公曰：'我之弗辟，我无以告我先王。'"此明白表示其意。《史记·鲁世家》述之云：

> 周公乃告太公望、召公奭曰："我之所以弗辟而摄行政者，恐天下畔周，无以告我先王太王、王季、文王。三王之忧劳天下久矣，于今而后成。武王蚤终，成王少，将以成周，我所以为之若此。"

此最为《金縢》的解。然"弗辟"二字，先儒甚多异论：

一、郑玄读"辟"为"避"云：

> 避谓避居东都。言我今不避孺子而去，我先王以谦让为德，我反有欲位之谤。无告于我先王，言愧无辞也。（《释文》）

其以辟为避，虽同《史记》，而意则异。项安世、朱子（《与蔡沈书》)、蔡沈、崔述(《丰镐考信录》卷四)等皆从之。
此一说也。

二、《孔传》依《尔雅·释诂》云：“辟，法也。”言我
无以成周道，告我先王。孔疏之外，《朱子语类》从之。此
又一说也。

三、《说文》“嬖”字注“治也”，引《周书》“我之弗
嬖”为证。故江声(《尚书音疏》)、胡承珙(《毛诗后笺》)、
陈奂(《毛氏传疏》)之徒皆从之。此亦一说也。

三说者，虽各有所据，而《史记》之说实为最当。近
时王先谦(《尚书孔传参正》)亦同之。其事于后论周公居东
更当论及。

周公之决意如上述，乃发《大诰》曰：

> 王若曰：“猷，大诰尔多邦，越尔御事。弗
> 吊，天降割于我家，不少延。洪惟我幼冲人，嗣
> 无疆大历服。弗造哲，迪民康，矧曰其有能格、
> 知天命。”

王即周公之称。“天降割于我家，不少延”者，其乱即起于
武王崩后可知。此处“我幼冲人”及下文“予冲人”，皆成
王之辞，而“予惟小子”则又为周公自称之辞，似不甚合。

然《左传》成公十三年晋吕相绝秦书，初称晋侯为寡君，复称寡人、不穀，直为晋侯之辞，混用两称，正复相同。要之，周公、成王共同行使一个之统治权，故不免有混同之辞也。

> 已！予惟小子，若涉渊水，予惟往求朕攸济。敷贲，敷前人受命，兹不忘大功。予不敢闭于天降威用。

已予小子三句，与《君奭》"今在予小子旦，若游大川，予往暨汝奭其济"同意。

> 宁王遗我大宝，绍天明。即命，曰："有大艰于西土，西土人亦不静，越兹蠢。"

文中"宁王""宁人""宁考"诸"宁"字，皆自变古文为隶书时"文"字之误释（其事余别有考），今改为文王、文人、文考，与周公之言尤为适当。

> 殷小腆，诞敢纪其叙。天降威，知我国有疵，民不康，曰："予复。"反鄙我周邦。

知我邦有疵云云，指管、蔡之流言也。

今蠢，今翼日，民献有十夫，予翼，以于敉
宁、武图功。我有大事、休，朕卜并吉。肆予告
我友邦君，越尹氏、庶士、御事曰："予得吉卜，
予惟以尔庶邦，于伐殷逋播臣。"

宁、武，文、武也。

尔庶邦君，越庶士、御事，罔不反曰："艰
大，民不静，亦惟在王宫邦君室。越予小子，考
翼，不可征，王害不违卜？"

此处"予小子"，乃庶邦之君自称，与上下文"予惟小子"
不同。

肆予冲人，永思艰。曰，呜呼！允蠢鳏寡，
哀哉！予造天役，遗大投艰于朕身。越予冲人，
不卬自恤，义尔邦君，越尔多士、尹氏、御事，
绥予曰："无毖于恤，不可不成乃宁考图功。"
已！予惟小子，不敢替上帝命。天休于宁王，兴

我小邦周，宁王惟卜用，克绥受兹命。今天其相民，矧亦惟卜用。呜呼！天明畏，弼我丕丕基。

王曰："尔惟旧人，尔丕克远省。尔知宁王若勤哉！天閟毖我成功所，予不敢不极卒宁王图事。肆予大化诱我友邦君。天棐忱辞，其考我民。予曷其不于前宁人图功攸终！天亦惟用勤毖我民，若有疾。予曷敢不于前宁人攸受休毕！"

王曰："若昔，朕其逝，朕言艰日思。若考作室，既底法，厥子乃弗肯堂，矧肯构！厥父菑，厥子乃弗肯播，矧肯获？厥考翼其肯曰：'予有后，弗弃基？'肆予曷敢不越卬敉宁王大命？若兄考，乃有友伐厥子，民养其劝弗救？"

兄考者武王，友者武庚，子则成王也。民养，民家之厮养。

王曰："呜呼！肆哉。尔庶邦君，越尔御事。爽邦由哲，亦惟十人，迪知上帝命。越天棐忱，尔时罔敢易法，矧今天降戾于周邦！惟大艰人，诞邻胥伐于厥室。尔亦不知天命不易。予永念曰：天惟丧殷，若穑夫，予曷敢不终朕亩？天亦惟休于前宁人。予曷其极卜？敢弗于从，率

宁人有指疆土？矧今卜并吉！肆朕诞以尔东征，
天命不僭，卜陈惟若兹。"

《大诰》之文如上，其大意在见东征之师之不可已，决之以
天命与先王付托之重，有不待于卜者，而卜亦并吉，故乃断
然而为之也。朱子曰：

> 《大诰》一篇不可晓。据周公在当时，外则
> 有武庚、管、蔡之叛，内则有成王之疑，周室方
> 且岌岌然。他作此书，决不是备礼苟且为之，必
> 欲以此耸动天下也。而今《大诰》大意，不过说
> 周家辛苦做得这基业在此，我后人不可不有以成
> 就之而已。其后又却专归在卜上。其意思缓而不
> 切，殊不可晓。(《语类》卷七十九)

颇似不满。然其末段专断于卜，正是当时习惯，不足怪也。
　　周公自进东征之师，同时使其子伯禽率师伐淮夷、徐
戎。《书序》："鲁侯伯禽宅曲阜，徐、夷并兴，东郊不开，
作《费誓》。"《史记》云：

> 伯禽即位之后，有管、蔡等反也。淮夷、徐

戎，亦并兴反。于是伯禽率师伐之于肸，作《肸誓》。(《鲁世家》)

若伯禽既已封鲁，然鲁地即奄国，伯禽之封当在是后无疑。《费誓》有"公曰"者，乃史官之追书也。费，《史记》作"肸"《说文》作"粊"，《史记索隐》云："《尚书》作《粊誓》，按：《尚书大传》见作《鲜誓》，《鲜誓》即《肸誓》(中略)，粊鲁东郊，地名，即鲁卿季氏之费邑"。《说文》之"粊"，盖"粊"之误。费在今山东沂州府费县之西北。

又命太公特得征伐东方，《史记·齐太公世家》云：

及周成王少时，管、蔡作乱，淮夷畔周。乃使召康公命太公曰："东至海，西至河，南至穆陵，北至无棣，五侯九伯，实得征之。"齐由此得征伐，为大国。

此盖自齐、费双方为牵制之计也。

观此则周公对于处置变乱之方略，颇著苦心之迹。至其征讨时之状况，《史记·周本纪》云："周公奉成王命，伐诛武庚、管叔，放蔡叔。"《鲁世家》云："周公乃奉成王命，兴师东伐。作《大诰》。遂诛管叔，杀武庚，放蔡叔。

周　公

（中略）宁淮夷。东土二年而毕定。"所言皆甚简单。《逸周书·作雒解》所记稍详，其言曰：

> 周公、召公内弭父兄，外抚诸侯。元年夏六月，葬武王于毕。二年又作师旅。临卫政殷，殷大震溃。降辟三叔，王子禄父北奔，管叔经而卒。乃囚蔡叔于郭凌。凡所征熊盈族十有七国，俘维九邑。俘殷献民，迁于九毕。（"临卫"恐"临冲"之误。"政"与"征"通。九毕谓毕原毕陌。）

又《尚书大传》："周公摄政，一年救乱，二年克殷，三年践奄。"（《洛诰传》）《孟子》曰："伐奄，三年讨其君，驱飞廉于海隅而戮之，灭国者五十。"（《滕文公下》）是故殷既克之后，乃讨奄也。《孟子》之"驱飞廉于海隅"，当在熊盈族之中；其灭国五十，乃并武王、成王时而言，林春溥《灭国五十考》已论之。武庚《逸周书》谓其北奔，《史记》则谓诛杀。管叔《逸周书》谓经而卒，《史记》亦言诛杀，无妨为同一之事实。蔡叔或言囚，或言放，亦非矛盾。惟霍叔之处分，不见于上举诸书，仅商子云："周公旦杀管叔，流霍叔。"（《尝刑》）一及之耳。陈启源云：

周公诛三监，霍叔罪独轻者，良以谋叛之事，武庚主之，霍叔与之同处，意虽不欲，势难立异，非若二叔在外，可以进退惟我也。原设监之意，本使之制殷。但武庚故君之子，又据旧都，臣民所心附。观其恚间周室，俾骨肉相雠，易于反掌，为人必多智数。霍叔才非其敌，堕其术中，遂反为所制耳。故《周书·多士》，止数管、蔡、商、奄为四国，《破斧》诗"四国"，毛亦以为管、蔡、商、奄，皆不及霍。(《毛诗稽古编·邶》)

观此，诸书多不载霍叔之理由可知矣。其处分，如《商子》所言，盖与蔡叔略同。

　　周公征讨管、蔡、武庚之本末，概略如上。然《金縢》叙此事甚简单，仅云："周公居东二年，则罪人斯得。"郑玄解上文弗辟为避，遂谓周公避居东都，以与此居东相牵涉。谓："居东者，出处东国待罪，以须君之察己。"(《毛诗·豳·七月》孔疏)"罪人，周公之属党，与知居摄者。周公出，皆奔。今二年，尽为成王所得。"(《毛诗·鸱鸮》孔疏引《金縢》注)谓之罪人，史书成王意也。《朱子语类》从之。《蔡传》则云："居东，居国之东也。郑氏谓避居东都，未知何据。"不从东都之说。又曰："二年之后，王始知流言之为管、蔡。"谓罪人指管、蔡。

朱子曾说明当时周公之心事，其言曰：

> 是时，三叔方流言于国。周公处兄弟骨肉之
> 间，岂应以片言半语，便遽然兴师以诛之！圣人
> 气象大不如此。又成王方疑周公，周公固不应不
> 请而自诛之。若请之于王，王亦未必见从，则当
> 时事势亦未必然。虽曰圣人之心，公平正大，区
> 区嫌疑自不必避。但舜避尧之子于南河之南，禹
> 避舜之子于阳城，自是合如此。若居尧之宫，逼
> 尧之子，即为篡矣。或又谓成王疑周公，故周公
> 居东。不幸成王终不悟，不知周公又如何处？愚
> 谓周公亦惟尽其忠诚而已矣！（《朱子续集》卷
> 三《答蔡仲默书》）

《蔡传》亦曰：

> 夫三叔流言，以公将不利于成王。周王岂容
> 遽兴兵以诛之邪？且是时王方疑公，公将请王而
> 诛之邪？将自诛之也？请之，固未必从。不请自
> 诛之，亦非所以为周公矣。"我之弗辟，我无以

告我先王"，言我不辟，则于义有所不尽，无以
告先王于地下也。公岂自为身计哉？亦尽其忠诚
而已矣。

崔述极称扬之，谓"朱子之论正矣。《蔡传》之释此，文义
尤详尽。复何疑焉！"(《丰镐考信录》卷四)

今就古书一求周公避位说之根据：

一、谓周公居于商、奄。《墨子·耕柱篇》："周公旦
非关叔，辞三公，东处于商、盖。"〔关叔，管叔也。马瑞
辰曰："奄通作弇，《尔雅》：'弇，盖也。'故奄亦或作盖。
商、盖即商、奄。"(《毛诗传笺通释》卷十六)〕即谓居商、
奄也。

二、谓周公奔楚。《史记·鲁世家》云：

初，成王少时，病。周公乃自揃其蚤沉之河，
以祝于神曰："王少未有识，奸神命者乃旦也。"
亦藏其策于府。成王病有瘳。及成王用事，人或
谮周公，周公奔楚。

《蒙恬传》亦云：

昔周成王初立，未离襁褓，周公旦负王以朝，卒定天下。及成王有病甚殆，公旦自揃其爪以沉于河。（中略）及王能治国，有贼臣言："周公旦欲为乱久矣，王若不备，必有大事。"王乃大怒。周公旦走而奔于楚。

而《论衡》谓："古文家以武王崩，周公居摄，管、蔡流言，王意狐疑周公，周公奔楚。故天雷雨以悟成王。"（《感类》）则以为古文家之说。然谯周则谓："秦既燔书，时人欲言《金縢》之事，失其本末。"（《鲁世家索隐》引）俞正燮曰：

《左传》昭公七年："公将如楚，梦襄公祖。梓慎曰：'襄公之适楚也，梦周公祖而行。'子服惠伯曰：'先君未尝适楚，故周公祖以道之。襄公适楚矣，而祖以道君。'"然则襄公曾适楚，故祖导昭公，以见周公曾适楚，故祖以导襄公。不应梓慎、子服惠伯、蒙恬三周人说周事，反不如谯周也。（《癸巳类稿》卷一）

此皆以《金縢》居东即奔楚也。

三、谓周公巡狩于边。《越绝书》云：

> 周公傅相成王。管叔、蔡叔不知周公，而谗
> 之成王。周公乃辞位，出巡狩于边。（卷三）

王鸣盛、段玉裁谓此与郑玄同说，胡承珙谓："此语与当日情事最合。"（《毛诗后笺》卷十五）《竹书记年》虽不言东为何地，然居东与东征则明分为二事。

如上所引，周公避位居东，凡有三说。比而观之，谓居商、奄者，商、奄即流言所起之地。岂周公自避于此，欲以为镇摄耶？巡狩于边与居东，或即同说。惟居楚与居东，自为别传，不可合一。然徐文靖云："据《战国策》惠施曰：'昔王季历葬于楚山之尾。'（《魏策》上）《括地志》：'终南山，一名楚山。'周公当是因流言出居，依于王季、武王之墓地。"（《竹书统笺》卷七）或又谓《诗·鄘风·定之方中》，有楚宫、楚室，在河南卫辉府滑县之东开县。又《春秋》隐七年之楚邱，在山东曹州府曹县之东南，周公之奔楚，或指是等诸地，非南方之楚，亦得谓之居东也。

要之，如上诸说，虽不无多少之根据，然既有异同如此，即不得为正确不可动之史料。且当王业草创之际，周公亦不得遽去其国。蒋悌生云：

> 三叔流言，语侵成王、周公，此诚家国重事。
> 周公不即遏绝祸萌，而避嫌疑，退居散地。三叔
> 乘殷民之未靖，挟武庚以叛。设或张皇，则天下
> 安危之寄，宁忍优游坐视，而托之他人乎？（《诗
> 经传说汇纂》卷九）

马瑞辰云：

> 夫公当流言四起之时，明知三监之必畔，使
> 徒引嫌避位，舍而去之，则三监得乘虚而入。是
> 直堕其术中而不知，岂周公之智而出此哉？（《毛
> 诗传笺通释》卷十六）

如此之情事，尚有不可掩者。盖周公懿亲大臣，毅然侧然，以一身任天下之责，不辞践阼摄位，求成文、武之绪业也。若为区区嫌疑，忽然去位，至二年之久，其间果谁为执政？且管、蔡、武庚之乱，其后又费二年余之岁月而后平。周公为此事退避四五年，则其摄政之时间既甚暂，更无时日得以施为，安得完成文、武之遗业哉！故知其说之决不可信，宁从居东即东征之说焉。

然自《金縢》之文字观之，实有若为避位居东之意者，

刘逢禄云：

> 史不书东征而曰居东，不斥管、蔡而曰罪人，
> 缘周公之心而为之讳也。（《书序述闻》）

魏源云：

> 不曰东征而曰居东，不曰管、蔡、武庚皆诛
> 而曰罪人斯得者，史臣缘周公心所不忍而浑其词
> 耳。（《书古微》卷八）

可谓得其情事。盖《金縢》追记于数年之后，当然有多少之
斟酌也。

周公既平管、蔡、武庚之乱，成王未知周公之志，故
作《鸱鸮》之诗以遗王。《金縢》云："于后，公乃为诗以贻
王，名之曰《鸱鸮》。王亦未敢诮公。"《诗序》云："《鸱鸮》，
周公救乱也。成王未知周公之志，公乃为诗以遗王，名之曰
《鸱鸮》焉。"其诗曰：

> 鸱鸮鸱鸮！既取我子，无毁我室。恩斯勤
> 斯，鬻子之闵斯！（《毛传》："鬻子，稚子，成

王也。"）

迨天之未阴雨，彻彼桑土，绸缪牖户。今女下民，或敢侮予？

予手拮据，予所捋荼，予所蓄租，予口卒瘏，曰予未有室家！

予羽谯谯，予尾翛翛，予室翘翘，风雨所漂摇，予维音哓哓。（《豳风》）

《毛诗传笺通释》解之云：

《诗》以子喻管、蔡，以鸱鸮喻武庚，以鸱鸮取子喻武庚之诱管、蔡。（中略）孟子言管叔以殷畔，而《诗》以鸱鸮取子喻武庚诱管、蔡者，所以末减管、蔡倡乱之罪，而不忍尽其词，亲亲之道也。（卷十六）

此与《毛传》所谓"宁亡二子，不可以毁我周室也"意同。而其大意，则程伊川言之云：

公为此诗，告以王业艰难，不忍其毁坏之意，以悟王心。此周公出征救乱之心，作诗之志也。

（《伊川经说》卷三）

然成王对之，其态度何如乎？《金縢》"王亦未敢诮公"一句，解释各有异同。郑玄云："欲让之，推其恩信，故未敢。"（《诗疏》）孔传则谓："王犹未悟，故欲让公而未敢。"又吕祖谦云："王亦未敢诮公，所谓未敢者，即改悔之根本也。"（《东莱书说》卷十八）《蔡传》云："是时成王之疑，十已去其四五矣。"是等诸说，皆训"诮"为"让"也。惟郑玄、孔传谓成王有所未悟，而吕、蔡之说则谓已开其悔悟之端，此为少异耳。《史记·鲁世家》诮作训。故《索隐》云："《尚书》作诮。诮，让也。此作训，字误耳，义无所通。"钱大昕曰："诮从肖，古书或省从小，转写讹为'川'耳。"（《廿二史考异》卷四）然段玉裁则谓：

　　《玉篇》曰："信，古文作訛。"《集韵》曰："信，古作訛。"《玉篇》之訛，即《集韵》之訛，皆本《说文》"𢓕"字。《玉篇》从立心，非从大小字也。（中略）《史记》之"训"乃"訛"字之误。盖《今文尚书》作"未敢信公"，与《古文尚书》作"诮公"不同。注《史记》者皆习焉不察。徐广云："训，一作'诮'。"按作"诮"者，

周　公

或以《尚书》改《史记》也。(《古文尚书撰异》)

《书序述闻》从之,《今古文注疏》亦谓其说或然。据此,则"诮""训"皆自"訧"而误,訧即信也。则成王依然未敢信周公,与郑玄、孔传意粗相近,其说盖可信。

周公作《鸱鸮》诗贻成王,未解成王之疑,周公暂为踌躇而不班师。于是周之大夫,作《伐柯》《九罭》之诗刺之。《伐柯》之序曰:"《伐柯》,美周公也。周大夫刺朝廷之不知也。"《九罭》之序亦同。其诗曰:

> 伐柯如何?匪斧不克。取妻如何?匪媒不得。
> 伐柯伐柯,其则不远。我觏之子,笾豆有践。
> (《伐柯》)
> 九罭之鱼,鳟鲂。我觏之子,衮衣绣裳。
> 鸿飞遵渚,公归无所,於女信处!鸿飞遵陆,公归不复,於女信宿!
> 是以有衮衣兮!无以我公归兮!无使我心悲兮!(《九罭》)

"之子""我公"皆指周公。陈启源说明之云:

> 《伐柯》《九罭》，皆告王以迎公之道，词旨略相同。不独见周公之德，为人所说服。亦见作诗者，惟恐王之不用周公，又恐王之待公未尽其道。忧国之情，好贤之意，缠绵恳恻，具见于诗。（《毛诗稽古编·豳》）

盖为得其大意。

周公与成王之关系既如上，其情一时未能相疏通。天诱其衷，豁然而解，二年秋风雷之变，实为其动机。《金縢》曰：

> 秋，大熟，未获。天大雷电以风，禾尽偃，大木斯拔。邦人大恐。王与大夫尽弁，以启金縢之书，乃得周公所自以为功、代武王之说。

其时因卜天变，而发金縢匮中之书，见周公祈以身代武王之说。周公之为武王祷，太公、召公二公皆知之，然其如何不为告，则不知也。故《金縢》曰：

> 二公及王，乃问诸史与百执事。对曰："信。噫！公命，我勿敢言。"

诸史与百执事，皆当时之关系人，群对曰信，可无疑矣。于是周公贯金石之忠诚，成王为之大感动，积年疑团，雾消云散。故《金縢》曰：

> 王执书以泣，曰："其勿穆卜。昔公勤劳王家，惟予冲人弗及知。今天动威，以彰周公之德。惟朕小子其新逆，我国家礼亦宜之。"王出郊，天乃雨，反风，禾则尽起。二公命邦人，凡大木所偃，尽起而筑之。岁则大熟。

观其文，成王之悔悟虽明，而文字之解释如何，于事实上亦可生多少之异同。盖新逆者，自新其心以逆天意也。出郊者，出郊祭天以谢过也。郑玄解新逆云："改先时之心，更新以迎周公于东。"诸家率从之。孔传解出郊云："郊以玉币谢天。"孔疏云："祭天于南郊，出城至郊，为坛告天也。"林之奇驳之，解为郊劳而亲逆之。《蔡传》以下从其说。然周公居东，非可迎于旦夕也。《己酉记疑》云：

> 周公居东，去京师必不甚远，（中略）若以居东即为东征，则武庚所都，去国千余里，岂有不下班师之诏，又不待风止，即出郊迎公之理。

（《丰镐考信录》卷四引）

谓周公滞居京师之近傍，传记亦无征。若谓自新以逆天意，郊祭以谢过，则可无疑矣。"我国家礼亦宜之"句，紧接上下，亦无散漫之病。《金縢》文意既如上述，则"王执书以泣"以下，乃述成王之悔悟，非谓王之亲迎周公也。

按《史记》自风雷而开金縢之书，为周公没后事。《尚书大传》（《周传》）、《汉书》（《梅福传》《杜邺传》《儒林传》）《后汉书》（《周举传》《张奂传》）、《公羊传》何休注、《白虎通》（《丧服》）、《论衡》（《感类》）等（《古文尚书撰异》皆引其文）皆有之，相传谓是今文家说。然《金縢》本文，决不能如此解释。故段玉裁云："今文之说，最为荒谬。史记记事，前云既克商二年，云武王既丧，云居东二年，何等分明。岂有为诗诒王之后、秋大熟之前，间隔若干年、若干大事，不书周公薨，而突书其薨后之事？令人读罢不知其巅末者。"（《古文尚书撰异》）洵适当之论也。至孙星衍（《尚书今古文注疏》）王先谦（《尚书孔传参正》）等，以"秋大熟"以下为《亳姑》之佚文，为之分割。虽非不可通，然终不如前说之稳当，故今不取。

当是时，唐叔（成王母弟）偶得嘉禾，献之成王，成王使归于周公。《书序》云："唐叔得禾，异亩同颖，献诸

周　公

天子。王命唐叔归周公于东，作《归禾》。"《史记·周本纪》云："归周公于兵所。"即归于东征之营中也。周公受之，陈天子之命，作《嘉禾》之篇。其书既亡佚不可考，然《汉书·王莽传》引《书》逸《嘉禾篇》曰："周公奉鬯，立于阼阶，延登，赞曰：'假王莅政，勤和天下。'"即继之曰："此周公摄政，赞者所称。"亦可以窥当时情事之一斑矣。

周公与成王之间，既无一毫之滞碍，周公乃东征三年而班师，劳归士。大夫美之，作《东山》之诗。其诗曰：

> 我徂东山，慆慆不归。我来自东，零雨其濛。
> 我东曰归，我心西悲。制彼裳衣，勿士行枚。
> 蜎蜎者蠋，烝在桑野。敦彼独宿，亦在车下。
> 我徂东山，慆慆不归。我来自东，零雨其濛。
> 果臝之实，亦施于宇。伊威在室，蟏蛸在户。
> 町畽鹿场，熠耀宵行。不可畏也，伊可怀也。
> 我徂东山，慆慆不归。我来自东，零雨其濛。
> 鹳鸣于垤，妇叹于室。洒埽穹窒，我征聿至。
> 有敦瓜苦，烝在栗薪。自我不见，于今三年。
> 我徂东山，慆慆不归。我来自东，零雨其濛。
> 仓庚于飞，熠燿其羽。之子于归，皇驳其马。
> 亲结其缡，九十其仪。其新孔嘉，其旧如之何？

《序》说明之曰：

> 一章言其完也。二章言其思也。三章言其家
> 室之望女也。四章乐男女之得及时也。君子之于
> 人，序其情而闵其劳，所以说也。说以使民，民
> 忘其死，其惟《东山》乎！

可见其上下之间，情意交孚，和合亲密之概矣。

《东山》诗云"于今三年"，而《金縢》云"居东二年"，若有不合；然《金縢》"秋大熟"之秋，为二年之秋，而《东山》"果臝之实，亦施于宇"，"熠耀宵行"，"有敦瓜苦"，"仓庚于飞"皆夏时之景，则周公率师凯旋，殆为三年之夏也。

周公当内外多难之际，能不失其常度，周之大夫作《狼跋》之诗以称之。其《序》曰："《狼跋》，美周公也。周公摄政，远则四国流言，近则王不知。周大夫美其不失其圣也。"其诗曰：

> 狼跋其胡，载疐其尾。公孙硕肤，赤舄几几！
> 狼疐其尾，载跋其胡。公孙硕肤，德音不瑕！

公孙硕肤者，朱传："公，周公也。孙，让。硕，大。肤，美也。公自让其大美而不居耳。"其临大难而不惧，处大变而不忧，断大事而不疑，进退从容，无往不宜之概，可以想见。呜呼！此周公之所以为圣欤！

## 第四节　定刑书封诸侯

周公既平武庚、管、蔡之乱，其善后之处置，为定刑书与封诸侯。定刑书者，《逸周书·尝麦解》云："维四年孟夏，王初祈祷于宗庙，乃尝麦于大祖。是月，王命大正正刑书。"又云："太史筴（筴，举也。）《刑书九篇》以升授大正。"大正者，大司寇也。《左传》："鲁太史克对曰：'先君周公制《周礼》。'"（文十八年）又曰："在《九刑》而不忘。"晋叔向亦云："周有乱政，而作《九刑》。"（昭六年）乱政者，即指三年之乱言也。盖周公有所大戒，乃作《刑书》。其书已亡逸不可考，然其为后来邦典之基础，则可知也。

封诸侯者，《史记》云："分殷余民为二。其一，封微子启于宋，以续殷祀。其一，封康叔为卫君。"（《管蔡世家》）《书序》云："武王既黜殷命，杀武庚，命微子启代殷后。作《微子之命》。"为《史记》之所本。宋之改封，所以去殷之根据地而杀其势力，可无待言。又伯禽封于鲁，亦其时事。凡此诸国皆分属殷之遗民焉。《左传》云：

> 周公相王室，以尹天下，于周为睦。分鲁公以大路大旂，夏后氏之璜，封父之繁弱，殷民六族，条氏、徐氏、萧氏、索氏、长勺氏、尾勺氏，使帅其宗氏，辑其分族，将其类丑，以法则周公，用即命于周。是以使之职事于鲁，以昭周公之明德。分之土田陪敦，祝宗卜史，备物典策，官司彝器，因商、奄之民，命以《伯禽》（命书之篇名）。而封于少皞之虚。（定四年）

此文条氏、徐氏以下，皆殷之豪族也。使之率其宗子族长，辑合其旁族别门，将其远派疏属，法则周公，受命于周之王庭，遂从于鲁公伯禽而就国，以明周公之德。其实则使殷之豪族服从于周耳。且下文有"因商、奄之民"云云，奄即鲁地，伯禽之所治，盖率商与奄之民也。

《左传》又述封康叔于卫之事曰：

> 分康叔以大路、少帛、綪茷、旃旌、大吕，殷民七族，陶氏、施氏、繁氏、锜氏、樊氏、饥

氏、终葵氏。封畛土略，自武父以南，及圃田之北竟，取于有阎之土以共王职。取于相土之东都，以会王之东搜。聃季授土，陶叔授民，命以《康诰》，而封于殷虚。皆启以商政，疆以周索。（定四年）

陶氏、施氏以下，亦殷之豪族也。使率其宗氏而从之，盖同于鲁。《书序》："成王既伐管叔、蔡叔，以殷余民封康叔。作《康诰》《酒诰》《梓材》。"《史记》云："周公旦以武庚殷余民，封康叔为卫君，居河、淇间故商墟。"（《卫世家》）皆述同样之事。惟言其封境，则《汉书·地理志》云："周既灭殷，分其畿内为三国。《诗风》邶、鄘、卫国是也。（中略）谓之三监。故《书序》曰：'武王崩，三监畔。'周公诛之，尽以其地封弟康叔，号曰孟侯，以夹辅周室。迁邶、庸之民于雒邑。"为有异说。故陈启源论之云：

谓康叔初封即兼有邶、鄘、卫，此《汉书·地理记》之说，而服虔从之者也。谓康叔止有卫，子孙并彼二国，此郑氏《诗谱》之说，而孔氏《正义》述之者也。孔谓殷畿千里，卫尽有之，是反过于周公，大非制，故以郑《谱》为长；似矣。然殷自帝甲以后，国势寖弱，大抵如东周之世。畿封之广，必非武丁宅殷之旧。又重以帝辛之暴，土荒民散，境壤益削，即如黎为畿内国，周得戡之。至纣灭时，岂犹是邦畿千里乎？又三亳皆商之故都，而去朝歌稍远。商未亡时，所谓邦畿千里者，定应并数之，如东西周通畿之制。武王立三监，固未尝以与之也。西亳偃师，在孟津之南。武王观兵于孟津，又大会诸侯于此，然后北行伐纣，则偃师已非商有。南亳谷孰及北亳蒙，即宋地也。武王克殷，初下车，即以封微子，亦不在三监域内。况殷之畿内诸侯，非大无道者，不应概从诛灭，改建他侯。则三监所统，不过近郊远郊，及邦畿以内地耳。康叔兼而有之，安得方千里乎？且非直此也。（中略）封康叔时，民得留者多在卫。其邶、鄘两国，已成旷土。纵欲建他侯，势亦不能，因并以畀康叔耳。（中略）《左传》定四年曰："自武父以南及圃田之北境。"武父不可考。桓十二年，与郑伯盟于武父，是郑地，非此武父。圃田，则豫州之泽薮也。后为郑有。郑在卫西南，圃田之北，当与鄘接壤。而康叔初封以此为境。（《毛诗稽古编·邶鄘卫》）

其说盖为近是。然《逸周书·作雒解》又有"俾康叔宇于殷，俾中旄父宇于东"之说，孙诒让以中旄父为康叔之子庸伯，论其情事更悉。其言曰：

《史记·卫世家》云："康叔卒，子康伯代立。"不箸其名，杜氏《春秋释例·世族谱》及《史记索隐》引《世本》，并云"名髦"。宋忠谓即《左》昭十二年传之王孙牟。司马贞亦谓牟、髦声相近。今案旄与髦为同声叚借字。中旄父亦即王孙牟也。盖周公以武庚故地封康叔，实尽得三卫全境。以其地阔广难治，故依其旧壤，仍区殷、东为二，以其子弟别治之。如晋文侯弟成师别治曲沃，东周惠公子班别治巩为西周君之比。是中旄宇东，虽专治其邑，而仍属于其父，则与三监分属微异。逮康叔卒，康伯嗣立，而东遂不复置君。（中略）是三卫，始则三监鼎峙，中则殷、东虽分二宇，而实统于一属，终乃夷东为邑而与殷并合为一。其事可推迹而得也。（中略）郑君《诗谱》谓"以殷余民封康叔于卫，使为之长。后世子孙稍并彼二国。"不知康叔初封时，已以子弟治二国，不待后世始兼并也。（中略）依班说，则邶、卫为旧殷，而庸在其东。中旄所治者，即庸也。（中略）盖中旄别封于庸，因以为称，犹康叔初封康，亦即以为称。康伯即庸伯也。庸康形相近，古多通用。史籍讹捝，遂并康叔、康伯为一。实则康叔之"康"，当读如字，而康伯之"康"，自当作"庸"。二字本异。后人不察，谓其父子不嫌同称，遂不能析别。（中略）今以《周书》《世本》《汉志》诸文，参互校核，知康叔初封，固已奄有三卫。而中旄父为康伯，实即庸伯，盖别治庸以属卫。如是，则周公经理旧殷之政略，及三卫先后分合之情事，皆显较可得其踪迹。（《周书斠补》卷二）

据此，则武庚叛后邶、鄘、卫三地处分之状况，了如指掌，且可正《史记》康伯之误。

意周公之封康叔于殷墟，为其尤所用意之事。《康诰》："王若曰：'孟侯，朕其弟，小子封。'"云云，乃周公代王为告，既详前论。而曰："往敷求于殷先哲王，用保乂民。汝丕远惟商耇成人，宅心知训。"又曰："应保殷民。"又曰："师兹殷罚有伦。"又曰："罚蔽殷彝。"又曰："我时其惟殷先哲王德，用康乂民作求。"凡此云云，即《左传》所谓"启以商政"，教之因其旧俗而为开导也。《康诰》大意，在法文王之明德慎罚，务在以德行罚，终至于不用罚而用德。然遇不得已亦有不惮重罚者。又于《酒诰》谆谆反覆，陈湎酒丧德之害，务在一洗殷末淫靡游惰之陋俗焉。康叔之责任，亦实重大矣。

至论康叔受封之时，除前举《左传》（定四年）、《书序》、《汉书》外，《左传》僖公三十一年亦言及之，曰：

> 卫成公梦康叔曰："相夺予享。"公命祀相。宁武子不可，曰："鬼神非其族类，不歆其祀。相之不享，于此久矣。不可以间成王、周公之命祀。"

则其在成王朝，毫无可疑。然《康诰》"王若曰"之王字，实为周公。若以谓成王，则其弟字便不通，宋胡宏、吴棫等因谓是武王之书，朱子、蔡沈以下多从之，均误。

总上所述，周公定宋、鲁、卫之封爵，分割殷之豪族，使属于三国，皆所以制叛乱于未然也。

与封卫康叔同时，复封季载于聃。《史记·管蔡世家》云：

封康叔为卫君，是为卫康叔。封季载于冉。冉季、康叔皆有驯行。于是周公举康叔为周司寇，冉季为周司空，以佐成王治，皆有令名于天下。（冉与聃通）

聃即那处，今湖北安陆府荆门州也。观此，似康叔、冉季两人封侯在前，为周室之司寇、司空在后。然《左传》"封康叔，冉季授土"，则如季载已行司空之职矣。《史记·卫世家》云：

康叔之国，既以此命，能和集其民，民大说。成王长，用事，举康叔为周司寇。

《康诰·蔡传》云：

篇中言"往敷求""往尽乃心"，篇终曰"往哉封"，皆令其之国之辞，而未见其留王朝之意。

观《康诰》之文，见康叔之深于刑法，司寇尤所适任。然以当时镇抚殷民，为最先之急务，故使康叔暂就卫之封国。百事粗粗就绪之后，乃入周室为司寇。聃乃南方之国，可不必

　　　　　　　　　　　　　　周　公

就封，故季载盖自初即留于王朝也。

《左传》既述封鲁、卫之次，又云：

> 分唐叔以大路、密须之鼓、阙巩、沽洗，怀
> 姓九宗，职官五正。命以《唐诰》，而封于夏墟。
> （定四年）

怀姓九宗，或谓亦殷之豪族。唐叔者，武王之子，成王之母弟也。《史记·晋世家》谓："成王立，唐有乱，周公诛灭唐。于是遂封叔虞于唐。"观此，则其封在鲁、卫后，其分殷豪族，亦非同时之事也。且晋叔向云："昔吾先君唐叔射兕于徒林，殪，以为大甲，以封于晋。"（《晋语》八）而《吕氏春秋》《韩诗外传》《史记》《说苑》诸书，均谓成王削桐叶为珪与唐叔戏，周公曰天子无戏言，遂封之。其说盖非是，柳宗元尝辨之，尽人所知，今不录。

《左传》又述封蔡仲于蔡，云：

> 王于是乎杀管叔而蔡蔡叔，以车七乘、徒
> 七十人。其子蔡仲改行帅德。周公举之以为己卿
> 士，见诸王，而命之以蔡。其命书云："王曰：
> '胡，无若尔考之违王命也。'"（定四年）

《史记》亦云：

> 蔡叔度既迁而死。其子曰胡。胡乃改行，率
> 德驯善。周公闻之，而举胡以为鲁卿士，鲁国治。
> 于是周公言于成王，复封胡于蔡，以奉蔡叔之祀，
> 是为蔡仲。(《管蔡世家》)

则或又在封唐叔之后也。

其他同姓异姓之诸侯分封于各地者尚多，虽非一时行
之，然其大体之方针既定，使同姓异姓交错互制。若封太公
于齐，则更封伯禽于鲁；封微子于宋，同时封康叔于卫，皆
是也。其用意之周到可见矣。又《立政》有夷、微、卢、烝、
三亳、阪尹，《蔡传》云：

> 此王官之监于诸侯四夷者也。（中略）古者
> 险危之地，封疆之守，或不以封而使王官治之，
> 参错于五服之间，是之谓尹。《地志》载王官所
> 治非一，此特举其重者耳。

《书序述闻》亦曰：

日三亳、阪尹者，郑云："三亳汤旧都之民服文王者，分为三邑，其长居险，故曰阪尹。"（中略）经意盖以前代旧都，亦不以封诸侯。阪则九州之险。《王制》所谓"名山大泽，不以封诸侯"者，皆立尹以统之。汉制郡国杂治本此。（中略）此乃周公相成王时所定制。郑以为文王时，涉下文而误也。

是亦制驭诸侯之一法矣。

# 第五节　洛邑之营建

先是成王以东方既定，亲巡狩奄地。《书序》云："成王东伐淮夷，遂践奄，作《成王政》。"《仪礼·士相见礼》注："践训行。"崔述（《丰镐考信录》卷四，按原本崔述作魏源，盖字误。）、马国翰（《目耕帖》卷十一）等谓"成王践奄，盖行巡狩之事也。"所谓极适当之说明。周公既分属殷之豪族于宋、鲁而使治之，同时更迁殷之余民于洛邑。于是成王自奄归，至于宗周，大告庶邦，《多方》之篇是也。开首即云："周公曰：'王若曰。'"明周公传王命也。曰：

"猷，告尔四国多方，惟尔殷侯尹民"及"猷，告尔有方多士，暨殷多士。"虽广告四方，不独殷民，而以殷民为主。故述夏、殷之所以兴亡，明周之代殷之不可已，或加以劝勉，或继以威吓，开其为善，而禁其为恶。其用意可谓至矣。文中又云："今尔奔走臣我监五祀。"则其殷谕，乃周公摄政五年之事。殷民虽既与之以田业，而尚未服周德，此大营建洛邑之所以不可已也。

按《尚书》编次，《多方》在《多士》之后。其实《多方》当在前，江声（《音疏》）、王鸣盛（《后案》）、《崔述》（《丰镐考信录》卷四）、魏源（《书古微》卷十）、庄述祖（《书序述闻》）诸家之说均同，今从之。

营建洛邑，本出武王之志，《史记》云：

　　武王征九牧之君，登豳之阜，以望商邑。武王至于周（成周），自夜不寐。周公旦即王所曰："曷为不寐"？王曰："告女：维天不飨殷，自发未生，于今六十年，麋鹿在牧，蜚鸿满野。天不享殷，乃今有成。维天建殷，其登名民三百六十夫，不显亦不宾，灭以至今。我未定天保，何暇寐"。王曰："定天保，依天室，悉求夫恶，贬从殷王受。日夜劳来我西土。我维显服，及德方明。

自洛汭延于伊汭，居易毋固，其有夏之居。我南
望三涂，北望嶽鄙，顾詹有河，粤詹雒、伊，毋
远天室。"营周居于雒邑而后去。

实引《逸周书·度邑解》第一节之文。圗《逸周书》作汾。
梁玉绳云：

> 汾近朝歌，即《郡国志》颍川襄城县之汾丘。
> 若在枸邑之圗，何从登其阜以望商邑乎？（《史
> 记志疑》卷三）

殆得其实，崔述云：

> 后世之人，闻周公之宅洛，而不得其故，揣
> 度之而以为武王之所命耳。而商邑、圗阜相距千
> 余里，亦非能望见者。（《丰镐考信录》卷三）

妄驳《史记》，转失之矣。视察洛邑之形势，而设东都焉，
以武王之聪明，岂必思不及此耶？

然自周公、召公四国征讨之事既毕，乃图营洛，盖有
二因。一则镐京居于西偏，四方入贡，道里不均，而洛邑则

中央之地，极适于诸侯之朝觐会同也。二则殷之遗民，虽使分处，尚未心服，故营建东都，以大为镇压，亦焦眉之急务也。

于是使召公先至洛相地，卜之得吉兆。因定城郭宫庙朝市之位。周公亦继至视察。《召诰》云：

> 惟太保先周公相宅，越若来三月，惟丙午朏，越三日戊申，太保朝至于洛，卜宅。厥既得卜，则经营。越三日庚戌，太保乃以庶殷攻位于洛汭。越五日甲寅位成。若翼日乙卯，周公朝至于洛，则达观于新邑营。

《洛诰》云：

> 予乃胤保，大相东土，其基作民明辟。予惟乙卯，朝至于洛师，我卜河朔黎水，我乃卜涧水东瀍水西，惟洛食。

实为同一之事。《召诰》之乙卯，即《洛诰》之乙卯也。王樵云：

　　　　　　　　　　　　周　公

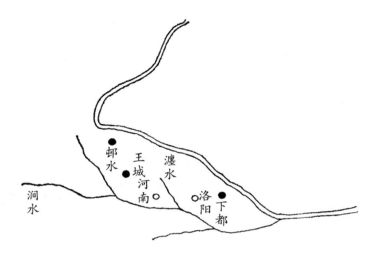

卜以戊申，而周公至以乙卯。乃云"我卜"
者，二公同心同谋，召公之卜，即周公之卜也。
（《书经传说汇纂》卷十四）

如其说，则周公非再卜也。盖河朔黎水，今河南濬县之东，
黄河以北之地也。先卜之者，颜氏云："河北黎水，近于纣
都，为殷民怀土重迁，故先卜近以悦之。"（《尚书正义》）然
以不吉，乃更卜涧水之东瀍水之西，即王城之地。第一之目
的（均贡道）既达，为图达第二之目的（镇殷民），故周公
又卜瀍水之东。《洛诰》前文之次所谓"我又卜瀍水东，亦
惟洛食"是也。郑玄云：

　　　　瀍水东既成，名曰成周，今洛阳县是也。召

　　公所卜处名曰王城，今河南县是也。

《蔡传》云：

　　　　涧水东、瀍水西，王城也，朝会之地。瀍水

　　东，下都也，处商民之地。王城在涧瀍之间，下

　　都在瀍水之外。

此两者之区别也。然两地仅隔一瀍水，相距不过四十里，作

之为一大都邑，即洛邑也。后谓之成周。

　　王城之规模，见于《作雒解》：

　　　　乃作大邑成周于土中，立城方千七百（宋本

　　及《御览》作六百）二十丈，郭方七十里。（宋

　　本作七十二里，孙诒让云当作二十七里。）南系

　　于雒水，北因于郏山，以为天下之大凑。（中略）

　　乃设丘兆于南郊，以祀上帝，配以后稷。日月、

　　星辰、先王皆与食。（中略）乃建大社于国中。

　　（中略）乃位五宫、大庙、宗宫（文王庙）、考宗

　　（武王庙）、路寝、明堂。

盖颇完备。

其工事皆役使殷民，《召诰》："太保乃以庶殷，攻位于洛汭。"又："周公乃朝用书命庶殷：侯、甸、男、邦伯。厥既命殷庶，庶殷丕作。"皆是也。然虽以周公、召公当时第一流之政事家协力督励，而殷民之役使颇为困难。《蔡传》云：

> 殷之顽民，若未易役使者。然召公率以攻位而位成，周公用以书命而丕作。殷民之难化者，犹且如此，则其悦以使民可知也。

如其说，殷民似非勇于赴功也。然大势既不可抗，殷民与其他庶邦人民共服其劳，终至功成。于是召公告王曰：

> 王来绍上帝，自服于土中。旦曰："其作大邑，其自时配皇天；毖祀于上下，其自时中乂。王厥有成命，治民今休。"

可见周公君臣期待于兹事之切矣。

又瀍水之东为殷民所居，虽工事不能如王城之大，然亦必有所营建。而殷民集合王城之近傍，与周人相接近，尤为镇服殷顽最有效之方法。张行成云：

> 周公营建洛邑，于是使其耳目一新，心志变易，日见周之士大夫，日闻周之号令，日被周之德化，变念商之心为念周之心。(《书经传说汇纂》卷十五)

此可见周公、召公所以率先为之之所以也。

王城既成，乃迁九迁九鼎于此，谓之成周，又谓之东都。《左传》："成王定鼎于郏鄏，卜世三十，卜年七百。"（宣三年）又："昔成王合诸侯城成周，以为东都，崇文德焉。"（昭三十二年）又《公羊传》："成周者何？东周也。"（宣十六年）何休注："名为成周者，本成王所定名。"郑玄特以瀍水之东为成周，误也。又《左传》："武王克商，迁九鼎于洛邑。"（桓二年）此特约略言之。九鼎迁于成王时，毫无可疑。

至论作雒之年，《召诰》《洛诰》无明文。有谓在周公摄政之五年者：《尚书大传》《召诰》郑注等是，而江声、王鸣盛、魏源等从之。有谓在周公摄政之七年者：《史记·鲁世家》《汉书·律历志》《尚书·孔传》等是，而孙星衍（《今古文注疏》）、俞樾（《群经平议》）等从之。虽两说互异，或为始于五年而成于七年，则其归可一也。

　　成周之成，周公以成王之命晓喻殷民，有《多士》之篇。《书序》云："成周既成，迁殷顽民，周公以王命告，作《多士》。"惟迁殷民在作洛前，已如前述。目之为顽民者，江声云：

　　　　以其不服于周，言其不则德谊，故谓之顽，
　　且目之为民也。虽然，其不服于周，由不忘故主
　　之故。然则由周而言，谓之顽民；由商言之，固
　　不失为谊士。桓二年《左传》云："武王克商，

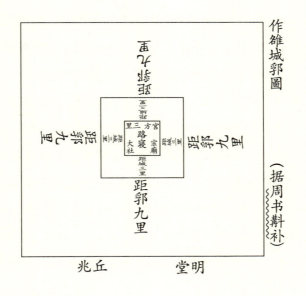

迁九鼎于雒邑，谊士犹或非之。"谊士即谓此顽民也。(《书序·尚书集注音疏·尚书叙》)

镇抚顽民，诚为当时一难问题。故周公迁之役之，谆谆反复，告之不怠。既有《多方》，又作《多士》，两篇文意粗同，而《多方》文繁，《多士》文简，岂前日既语其详，故后日只言其略耶。苏轼尝论之曰：

《大诰》《康诰》《酒诰》《梓材》《召诰》《洛诰》《多士》《多方》八篇，虽所诰不一，然大略以殷人不心服周而作也。予读《秦誓》《牧誓》《武成》，常怪周取殷之易，及读此八篇，又怪周安殷之难也。《多方》所告，不止殷人，乃及四方之士。是纷纷焉不心服者，非独殷人也。予乃今知汤已下七王之德深矣。方纣之虐，人如在膏火中，归周如流，不暇念先王之德。及天下粗定，人自膏火中出，即念殷先七王如父母。虽以武王、周公之圣相继抚之，而莫能禁也。夫以西汉道德比之殷，犹碔砆之与美玉也。然王莽、公孙述、隗嚣之流，终不能使人忘汉。光武之成功，若建瓴然。使周无周公，则殷之复兴也必矣。此周公

　　　　　　　　　　　　　周　公

之所以畏而不敢去也。(《东坡书传》卷十五)

则周公之所以有大功于周室者，亦可以见其概略矣。

## 第六节　礼乐之制作

欲使一代政治达于高尚优雅之域，致太平之盛，不可不制礼作乐。然其本源在人君之一身，本源一乱，礼乐复何为哉？故周公当内外多事之际，与召公共相成王，亲为师保。《书序》云："召公为保，周公为师，相成王为左右。"是也。师保之义见于《文王世子》，云：

> 师也者，教之以事而谕诸德者也。保也者，慎其身以辅翼之，而归诸道者也。

周公陈《豳风·七月》之诗，朱子释之曰：

> 周公以成王未知稼穑之艰难，故陈后稷、公刘风化之所由，使瞽蒙朝夕讽诵以教之。

盖得其大意。又以《无逸》为训告，始戒其逸豫，终举弃忠言、惑邪说、坏法度、信诽谤为话。盖《无逸》之与《七月》，皆所谓教之以事而谕之于德者，凡所以养其本源也。《荀子》云："教诲开导成王，使谕于道，而能掩迹于文、武。"（《儒效》）必如此，而后礼乐之制作，不至于徒为也。

《左传》云："先君周公制《周礼》。"（文十八年）《尚书大传》云："周公摄政六年，制礼作乐。"（《洛诰传》）周公于一代治绩，发扬其前古未有之光辉者，实在于此。《大传》又述其作礼乐之次序，云：

> 周公将作礼乐，优游之三年不能作。君子耻其言而不见从，耻其行而不见随。将大作，恐天下莫我知。将小作，恐不能扬父祖功烈德泽。然后营洛以观天下之心。于是四方诸侯，率其群党，各攻位于其庭。周公曰："示之以力役，且犹至，况导之以礼乐乎？"然后敢作礼乐。《书》曰："作新大邑于东国洛，四方民大和会。"此之谓也。（《毛诗·周颂谱·正义》）

虽多属想象之言，或亦事实有如此者。至《周官》《仪礼》之书，记周代之礼，于周公之礼乐虽不无演绎其意见者，固非周公之制作，亦必非悉行于当时。此当别论。今征之传记，举其制作之实际施行者而止。

周公既与召公共营建洛邑，及其成也，乃行郊祀、宗祀之二大祭。《孝经》云：

　　　昔者，周公郊祀后稷以配天，宗祀文王于明堂以配上帝。是以四海之内各以其职来祭。

是也《召诰》曰："若翼日乙卯，周公朝至于洛，则达观于新邑营。越三日丁巳，用牲于郊，牛二。"曰："其作大邑，其自时配皇天。"《逸周书·作雒解》曰："乃设丘兆于南郊，以祀上帝，配以后稷。"此即郊祀也。祀天故配以后稷，用二牛之牲。《周颂·思文》之诗，为其时之乐歌，所谓"思文后稷，克配彼天"者也。其时成王未至于洛邑，周公主而行之。又《召诰》郊之翼日，行社之祭，曰："越翼日戊午，乃社于新邑，牛一，羊一，豕一。"《作雒解》亦云："乃建大社于国中。"是也。其礼视郊礼为小，故《孝经》不之及。且郊社之祭，行于洛邑营建之初，其影响自不能及此后明堂宗祀之大。

谓宗祀文王于明堂者，《洛诰》云：

　　　周公曰："王肇称殷礼，祀于新邑，咸秩无

文。予齐百工，伻从王于周。予惟曰'庶有事'。
今王即命曰：'记功宗，以功作元祀。'惟命曰：
'汝受命笃弼，丕视功载，乃汝其悉自教工。'"

此述成王命周公为文王之宗祀也。惟视其文义之解释，不免有多少异其事实者。殷礼从来多释为殷代之礼，魏源云："殷礼者，盛礼，即《公羊》五年而再殷祭之谓。"（《书古微》卷十）其说可从。（按此《蔡传》已言之。）咸秩无文者，考证家大抵谓殷尚质，用殷礼故无文，孔传则谓："皆次秩不在礼文者而祀之。"孟康谓："诸废祀无文籍皆祭之。"（《汉书·翟方进传》注）似较稳当。功者，阮元云："明堂宗祀，工之大者。"（《揅经室集·孝经·郊祀宗祀说》）则宗即宗祀之宗，功宗乃宗祀之功也。载者事也，功载即功宗之事。盖周公欲成王创始举行盛礼，为祭祀于新邑，虽从来之无礼文者，皆次第以行之。故整齐百官，使从王于成周洛邑，以迎王行国家之大典。然王谦让不敢亲至于洛邑，命周公识宗祀之功，作为元祀。谓汝乃受顾命笃弼之元勋，大行宗祀之事示之天下，乃汝自教天下诸侯之功。此《洛诰》之文之大意也。于是周公自为主于洛邑明堂，行宗祀之大礼焉。

所谓明堂者，虽古来诸儒之说纷如聚讼，要为本于周人明堂之古制，而稍稍损益之。其制度不可不以《考工记》

为正。《考工记·匠人职》述夏、殷世室重屋之制云：

　　　夏后氏世室，堂脩二七，广四脩一。（二七，
　　"二"字衍文。堂修七者，南北之深七步。广四
　　脩一者，东西之广四七二十八步，南北之深，得
　　广之四之一也。）

　　　五室三四步，四三尺，（五室各方四步，自
　　东西或南北数之，皆得四步之室者三，故曰
　　三四。室墙厚三尺，四方皆墙，效曰四三。）九
　　阶，（南面三阶，他三面各二阶。）四旁两夹，（四
　　旁者，四堂之旁。两夹者，四堂各有左右个也。
　　个同介，即箱也。）窗白盛（以蜃灰涂窗），门堂
　　三之二，室三之一。（门堂，门侧之堂。门堂得
　　正堂三之二，门室得正堂三之一。）

　　　殷人重屋，堂脩七寻，堂崇三尺，四阿重屋。
　　（四阿者，四栋也。谓四室各有栋也。重屋者，
　　中央大室之屋之四周覆四室之栋之上为二重也。）

其次则述周之明堂云：

　　　周人明堂，度九尺之筵，东西九筵，南北七

筵，堂崇一筵，五室，凡室二筵。

盖周之明堂，与夏之世室、殷之重屋粗粗同制。明堂盖取向明而治之义。筵，九尺。九筵，八丈一尺。七筵，六丈三尺。广八丈一尺，深六丈三尺也。阮元谓：八丈一尺，约当清尺四丈八尺六寸；六丈三尺，约当清尺三丈七尺八寸，是为一堂之大。如是者南北东西凡四堂，其中央有五室，室方二筵，四面各一丈八尺也。其五室乃庙屋内之区划，同覆于重屋之下，非别建五小屋也。

　　盖明堂者，本于夏、殷之制。九阶、四旁两夹、窗白盛之制，同于夏之世室。四阿重屋之制，同于殷之重屋。而三代名称各异者，俞樾说之曰：

　　　　夏曰世室，举中以见外。殷曰重屋，举上以
　　　见下。而周曰明堂，则独举南之一面，以包其三
　　　面。（《群经平议》卷十四）

其制度之所异，则有以步、以寻、以筵之别。步六尺，寻八尺，筵九尺，其大小广狭各有不同。孙诒让又谓夏之堂全基为正方形，殷、周之堂则四出成亚字形。其言曰：

　　　　　　　　　　　　　　　　　　　　　周　公

経于殷特著四阿之文，非徒见屋之两重，亦兼明四出之堂制始于此。假令四出为周堂所独，则其形制钜异，下经不宜绝无殊别之文。（《周礼正义》卷八十三）

此于本文虽若其区别不十分明了，然殷、周之堂之为亚字形，可无疑也。

明堂者，于四堂之中央有五室，即为庙屋，《月令篇》云：“明堂太庙。”又云：“太庙太室。”

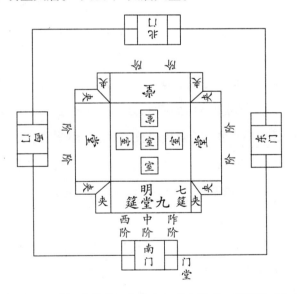

明堂之说，主《大戴礼》九室十二堂之说者，有班固《白虎通》、蔡邕《明堂月令》、惠栋《明堂大道录》、孔广森《礼学卮言》等。主

《考工记》五室之说者，有郑玄《周礼注》、袁准《正论》、陈祥道《礼书》、焦循《群经宫室图》、江藩《隶经文》等。今从后说。

晋袁准说之云："明堂太庙者，明堂之内太室，非宗庙之太庙也。"（《诗·灵台》疏）是也。故明堂者，可谓之太庙，又可谓之太室，《周颂》谓之清庙，即明堂之太庙，与天子七庙之宗庙不同。古来述明堂之制者，有《考工记》与《大戴记》二书，而《考工记》所载与《大戴记》不同。《大戴记》之九室十二堂，为汉代之制而非古制，先儒既详论之。《考工记》成于周末，与周公之制作，不可谓无多少之异同。然其大体，当非甚有差异也。《考工记》之制，概略当如前图。

　至言明堂原来之用途者，金鹗云："明堂所行之礼有三，曰宗祀，曰告朔，曰朝觐。"（《求古录·礼说》二）似为粗得其要。盖明堂者，王者出政教之堂也。然洛邑有之，而镐京则无。《郑志》云："周公摄政，致太平，制礼作乐，乃立明堂于王城。"焦循之《群经宫室图》又论之云：

　　《周书·作雒篇》言周公作明堂之制。是明堂在东都，而镐京之明堂，无有明文。盖明堂之设，所以朝诸侯，颁政令，祀天帝，宗文王，非

诸侯所有。未制礼乐，仍依侯制，无明堂。既卜
天下之中，营王城，建明堂于此。而西京不朝诸
侯，无明堂也。（卷二）

又《孟子》书齐有明堂，盖取法于明堂而作，与路寝之明堂、
辟雍之明堂相类，非规模广大之真明堂也。

意当时洛邑之宗祀文王于明堂者，当不仅举行一报本
反始之祭典而止，魏源曰：

> 周公制礼初成，恐公卿诸侯仪文未习，故先
> 举行宗祀于明堂，演习其仪。（《书古微》卷十）

是即试为新定礼仪之实地演习，举有周一代之大典，
于此行之，尤为适当也。

当日用于祭典之乐歌，即《周颂》之《清庙》《维清》
《我将》等，述文王之功德甚切，其诗曰：

> 於穆清庙，肃雝显相。济济多士，秉文之德。
> 对越在天，骏奔走在庙。不显不承，无射于
> 人斯。（《清庙》）
> 维清缉熙，文王之典。肇禋，迄用有成，维

周之祯。(《维清》)

　　我将我享，维羊维牛，维天其右之。仪式刑
文王之典，日靖四方。

　　伊嘏文王，既右飨之。我其夙夜，畏天之威，
于时保之。(《我将》)

《诗序》："《维清》，奏《象》舞也。"郑笺："《象》舞，象用
兵时刺伐之舞。"《象》舞为文王之乐，《左传》所谓象箾者
也。《礼记》记孔子之言云："升歌《清庙》，示德也。下而
管《象》，示事也。"(《仲尼燕居》)是是时制作之乐，盖文
德武功兼而备之者。

　　周公行其礼，奏其乐，举行宗祀之大礼，其效果良不
虚，四海之内，各以其职来助祭者，皆与之以非常之感动。
当时情事《尚书大传》述之，其言曰：

　　　　当其效功也，于卜洛邑，营成周，改正朔，
立宗庙，序祭祀，易牺牲，制礼乐，一统天下，
合和四海，而致诸侯。皆莫不依绅端冕，以奉祭
祀者。其下莫不自悉以奉其上者。莫不自悉以奉
其祭祀者，此之谓也。尽其天下诸侯之志，而效
天下诸侯之功也。庙者，貌也，以其貌言之也。

宫室中度，衣服中制，牺牲中辟，（辟，法也。）
杀者中死，割者中理，撕弁者为文。（撕弁，拼
帛也。）爨灶者有容，桥杙者有数。太庙之中，
缤乎其犹模绣也。天下诸侯之悉来进受命于周，
而退见文、武之尸者，千七百七十三诸侯，皆莫
不磬折玉音，金声玉色。然后周公与升歌而弦文、
武。诸侯在庙中者，伋然渊其志，和其情，愀然
若复见文、武之身。然后曰："嗟子乎！（嗟子
与嗟咨同。）此盖吾先君文、武之风也。"夫及执
俎抗鼎，执刀执匕者，负庸而歌，愤于其情，发
于中而乐节文。故周人追祖文王而宗武王也。是
故《周书》目《太誓》就《召诰》，而盛于《洛
诰》也。故其书曰："扬文、武之德烈，奉对天
命，和恒万邦四方民。"是以见之也。孔子曰：
吾于《洛诰》见周公之德，光明于上下。勤施四
方，旁作穆穆。至于海表，莫敢不来服，莫敢不
来享。以勤文王之鲜光，以扬武王之大训，而天
下大治。故曰：圣之与圣也，犹规之相周，矩之
相袭也。（《洛诰传》）

汉初，于长乐宫行叔孙通所定之礼仪，诸侯群臣，无不振恐

肃敬者，竟朝罢酒，无敢诺灌哗失礼。于是高祖曰："吾今日始知皇帝之贵也。"其事传为千古谈资。宗祀文王之大礼，其影响决非长乐宫宴会之比。故孔子曰："孝莫大于严父，严父莫大于配天，则周公其人也。"（《孝经》）又曰："夫圣人之德，又何以加于孝乎？"（同上）皆所以称扬其事也。

周公更遵武王遗制，定对于先王先公之礼仪，且推广其旨意以及于诸侯大夫及士庶人焉。《中庸》曰：

> 武王末受命，周公成文、武之德，追王太王、王季，上祀先公以天子之礼。斯礼也，达乎诸侯、大夫及士庶人。父为大夫，子为士，葬以大夫，祭以士。父为士，子为大夫，葬以士，祭以大夫。期之丧，达乎大夫。三年之丧，达乎天子。父母之丧，无贵贱一也。

即其事。《礼记·大传》云：

> 牧之野，武王之大事也。既事而退，柴于上帝，祈于社，设奠于牧室。遂率天下诸侯，执豆笾，逡奔走。追王太王、亶父、王季历、文王昌，不以卑临尊也。

据此，似追王已行于武王之时。故《中庸》郑注孔疏以周公之追王为改葬。然大田元贞云：

> 据《大传》则追王出于武王。虽然，武王草创，制度未定。至于周公致太平，制作礼乐，其制始定。故夫子属诸周公之功乎？（《中庸原解》卷二）

《周官仪疏》亦云：

> 《中庸》言周公追王者，周家制作，皆出于公，故系之公耳。孔氏必求其说，谓周公追王乃改葬以王礼，未必然也。（卷四十七）

观此，则其事虽昉于武王，而其详细礼仪之确定，则至周公而备耳。

周公既举行宗祀之大礼，得非常之好果，更进而请成王于洛邑行朝会诸侯于明堂之盛仪。《逸周书·明堂解》记当时之景象云：

周公摄政君天下，弭乱六年，而天下大治。乃会方国诸侯于宗周（成周）。大朝诸侯明堂之位。天子之位，负斧扆南面立。群公卿士，侍于左右。三公之位，中阶之前，北面东上。诸侯之位，阼阶之东，西面北上。诸伯之位，西阶之西，东面北上。诸子之位，门内之东，北面东上。诸男之位，门内之西，北面东上。九夷之国，东门之外，西面北上。八蛮之国，南门之外，北面东上。六戎之国，西门之外，东面南上。五狄之国，北门之外，南面东上。四塞九采之国（九州之外，为中国之蔽塞而供事者。）世告至者，应门之外，北面东上。此宗周明堂之位也。明堂者，明诸侯之尊卑也。故周公建焉，而朝诸侯于明堂之位，制礼作乐，颁度量，而天下大服，万国各致其方贿。

《礼记·明堂位》之文，与之略同。又《王会解》亦记成周之会，然其言颇失于夸张，且如秽人、良夷诸名，皆不见于后世，今不取。总之，是会者，周公经营周室，基业既成，举礼乐制定之实，其盛大可想见也。而周公于此机会特警告成王以统御诸侯、教养万民之道。《洛诰》曰：

　　　　　　　　　　　　周　公

已，汝惟冲子，惟终。汝其敬识百辟享，亦
识其有不享。享多仪，仪不及物，惟曰不享。惟
不役志于享。凡民惟曰不享，惟事其爽侮。

此言统御诸侯，当重礼而轻物也。

乃惟孺子，颁朕不暇听，朕教汝于棐民彝。
汝乃是不蘉，乃时惟不永哉！笃叙乃正父，罔不
若予，不敢废乃命。汝往敬哉！兹予其明农哉！
彼裕我民，无远用戾。（同上）

此言所以辅民常性之道，不可不黾勉为之也。

以上所述，礼乐制作之实地施行之一斑也。公孙弘曰：
"周公旦治天下，期年而变，三年而化，五年而定。"（《汉
书·公孙弘传》）盖即指此等而言。当是时，周之声教洋溢
远播，及于四方之夷狄，殆有不止列席于成周之会者。《尚
书大传》及《隶诗外传》（卷五）、《新序》（《杂事》第二）、
《古今注》等，皆有越裳氏来朝之说。《大传》曰：

交趾之南有越裳国。周公居摄六年，制礼作

乐，天下和平。越裳以三象重译，而献白雉，曰：
"道路悠远，山川阻深，音使不通，故重译而朝。"
成王以归周公。公曰："德不加焉，则君子不飨
其质。政不施焉，则君子不臣其人。吾何以获此
赐也？"其使请曰："吾受命吾国之黄耇曰：'久
矣！天之无烈风澍雨。意者中国有圣人乎？有则
盍往朝之！'"周公乃归之于王，称先王之神致，
以荐于宗庙。(《嘉禾传》)

此其记事虽有过于文饰之嫌，然宗祀之礼，成周之会之盛，
播闻于远方，乃有越裳氏之来朝，不可谓必无其事也。越裳
者，盖谓南方越人之着裳者耳。

# 第三章　周公之晚年

## 第一节　周公之归政

周公既全武王付托之责任，成王年亦稍长，乃归政于王而自退休。《洛诰》云："朕复子明辟。"（此语文义上之解释亦有异，说详下文。）又曰："予其明农哉！"即露退休之意。然成王则述周公之功德，以示挽留曰：

公，明保予冲子。公称丕显德，以予小子，扬文、武烈，奉答天命，和恒四方民居师。惇宗（功宗之宗）将礼，称秩元祀，咸秩无文。惟公德明光于上下，勤施于四方，旁作穆穆，迓衡不迷文、武勤教。予冲子夙夜毖祀。公功棐迪笃，罔不若时。（《洛诰》）

不遽许也。然王亦知周公之希望不可全然拒绝，乃又曰：

> 公，予小子其退，即辟于周，命公后。四方
> 迪乱，未定于宗礼，亦未克敉公功。迪将其后，
> 监我士师工，诞保文、武受民，乱为四辅。公定，
> 予往已。公功肃将祗欢，公无困哉！（《汉书·元
> 后传》及《杜钦传》皆作我。）我惟无斁，其康
> 事，公勿替刑，四方其世享。（同上）

留周公于洛使专治，于是周公拜手稽首曰：

> 王命予来，承保乃文祖受命民，越乃光烈考
> 武王，弘朕恭。孺子来相宅，其大惇典殷献民，
> 乱为四方新辟，作周恭先。曰：其自时中乂，万
> 邦咸休，惟王有成绩。予旦以多子越御事，笃前
> 人成烈，答其师，作周孚先。考朕昭子刑，乃单
> 文祖德。

以治洛之事自效。以是王于洛行烝祭，祭文王、武王，告留
周公于洛而自归镐京。自是以后，周公专主陕以东，召公主

　　　　　　　　　　　　　　　周　公

陕以西。《公羊传》云："自陕而东者，周公主之。自陕而西者，召公主之。"（隐五年）《史记》云："其在成王时，召公为三公。自陕以西，召公主之。自陕以东，周公主之。"（《燕世家》）《风俗通》云："武王灭纣，封召公于燕。成王时，入据三公，出为二伯。自陕以西，召公主之。"（卷一）皆是也。《史记·乐书》述武王之乐又云："四成而南国是疆，五成而分陕，周公左，召公右。"张守节《正义》云：

> 傩者第四奏，象周太平时，南方荆蛮并来归服，为周之疆界。傩者至第五奏，而东西中分之，为左右二部，象周太平后，周公、召公分职为左右二伯之时。

是亦以周公、召公分陕东西而治，在太平之后也。《乐书》所言与《乐记》同，惟《乐记》无分陕之陕字，其意味则不异。先儒或据《乐记》等书，谓周、召分陕在武王时，误也。武王之时，岂二公分治之世哉？

兹有一可疑者，则为陕地之所在。《公羊传》何休注："陕者，盖今弘农陕县是也。"是为今河南陕州，乃普通之说。然《释文》："一云当作郏，古洽反。王城郏鄏也。"（卷二十一）崔述亦云：

陕州之名陕，古无所考。既非都会之地，又无长山大川直亘南北，若大行、鸿沟可辨疆域者。于此分界，将何取焉？且自陕州以东，青、兖、徐、青四州，及冀、豫、荆三州，地十之八九。陕州以西，雍、梁二州，及冀、豫、荆三州，地十之一二。广狭亦大不伦。《传》云："成王定鼎于郏鄏。"《周语》云："晋文公既定襄王于郏。"是洛亦称郏也。洛邑天下之中，当于此分东西为均。陕、郏字形相似，或传写者之误。而古今地名同者亦多，或别有地名陕，非宏农之陕，亦未可知也。（《丰镐考信录》卷五）

则陕或非河南之陕州，而为郏鄏之郏之误。

周公至于七年，益求归政，《洛诰》云："惟周公诞保文、武受命，惟七年。"《逸周书·明堂解》《尚书大传》《礼记·明堂位》等皆云："七年致政于成王。"盖即实行《洛诰》所谓"复子明辟"也。《汉书·王莽传》有云：

群臣奏言太后："周公始摄，则居天子之位。成王加元服，周公则致政。《书》曰：'朕复子明辟。'周公常称王命，专行不报，故言我复子明君也。"

此于复辟之解释，盖不可易。王鸣盛论之曰：

> 王莽托周公以行其奸，语多附会。但汉重经术，经重家法。博士所习，皆有师承案据，非能空造。莽之假托，正为摄政复辟，古学如此，故得售其欺。倘本无此事，莽亦无由托之。(《尚书后案》)

诚确当之论。世儒往往惩于王莽之弊害，欲曲解经文以为辨护，误矣。周公之摄王位，盖为不得已之事，出之以非常之决心，后世流弊如何，不暇顾也。至于七年之后，既粗达其目的，乃还政于成王。虽不复统制四海，然居洛邑而治陕东，则不辞焉。

## 第二节　周公之考终

周公既归政，居洛邑，治东方诸国。其后暂退隐于丰而薨。《书序》："周公在丰，将没，欲葬成周。公薨，成王葬于毕。"《史记·鲁世家》云：

> 周公在丰病，将没。曰："必葬我成周，以明吾不敢离成王。"周公既卒。成王亦让，葬周公于毕，从文王，以明予小子不敢臣周公也。

是周公盖以健康之不胜，故一时退隐，既则自知病将不起，故为此遗言，亦遂不久而薨也。

其薨在何年，则《史记》所不载。《尚书大传》云：

> 三年之后，周公老于丰，心不敢远成王，而欲事文、武之庙。然后周公疾。曰："吾死必葬于成周，示天下臣于成王。"成王曰："周公生欲事宗庙，死欲聚骨于毕。"毕者文王之墓也。故周公薨，成王不葬于成周，（一本无成字。）而葬之于毕，示天下不敢臣也。所以明有功，尊有德，故忠孝之道，咸在成王、周公之间。（《金滕传》）

据此，则周公归政后三年而薨也。惟其年寿则无可考。其退隐于丰者，如《大传》言，则为欲事文、武之庙也。成周如前所述则指洛邑，惟与"示天下臣于成王""以明吾不敢离成王"云云不合。故陈逢衡（《竹书纪年集证》卷二十七）、牟庭（《周公年表》）等，皆以成周之"成"为衍文，谓周指镐京，诚是。不然则文意衡决难通矣。

盖周公之欲葬于周者，为示其于成周之经营，虽不无专擅之嫌，然全为国家之大计，至于臣于成王之意，则实丝毫无易也。成王不从其言，葬之于毕，使陪从文、武之墓者，谓周公非特臣于己，彼其继文、武之遗志而完成其事业，为周室之元勋，他无可比类，所以特表其功德也。《书序》："周公既没，命君陈分正东郊成周，作《君陈》。"则周公虽退隐于丰，其名义上治洛邑如旧，及其没后，始定继任之人也。

周公葬于毕，孙星衍著《毕原毕陌考》，谓其在渭水之南，其文曰：

> 毕原在渭水南，周文王、武王、周公之所葬。今长安县西南二十八里是也。毕陌在渭水北，秦文王、武王之所葬，即今咸阳之陵。见诸书传甚明。（中略）考渭南之毕，先见于《诗》，《毛传》云："毕，终南之道名也。其名最古。《史记》云：所谓'周公葬我毕'，毕在镐东南杜中。"赵

岐注《孟子》云："毕，文王墓，近于丰、镐也。"臣瓒注《汉书》云："毕西于丰三十里。"裴骃引《皇览》云："文王、武王、周公冢，皆在京兆长安鄗聚东杜中。"终南山、丰水、鄗聚、杜中皆在渭水南，即知毕原之所在。故《括地志》云："周文王墓、武王墓，在雍州万年县西南二十八里毕原上也。"《元和郡县志》云："毕原在万年县西南二十八里，《书序》云'周公葬于毕'是也。"万年即今咸宁县。是汉、魏、六朝、唐以来，俱以文、武、周公葬在渭水南，无异说也。（《问字堂集》）

其下更论宋以来以毕陌之在渭水之北者为周公之所葬之误，其说明确可从。

周公既没，长子伯禽为鲁侯承其祀，次子则别食周之采地，为周公与王室之政。春秋时周公，盖其子孙，惟其次子为人则不可详。

后世谓成王思周公之大勋，有许鲁以天子之礼乐祀周公之说。《礼记·祭统》曰：

　　　　昔者周公旦有勋劳于天下。周公既没，成王、康王追念周公之所以勋劳者，而欲尊鲁，故赐之以重祭。外祭则郊社是也，内祭则大尝禘是也。夫大尝禘，升歌《清庙》，下而管《象》，朱干玉戚以舞《大武》，八佾以舞《大夏》，此天子之乐也。康周公，故以赐鲁也。

《明堂位》亦云：

成王以周公为有勋劳于天下，是以命鲁公世世祀周公以天子之礼乐。

于是程伊川论之曰：

始乱周公之法度者，是赐也。人臣安得用天子礼乐哉？成王之赐，伯禽之受，皆不能无过。（《程氏遗书》卷十八）

然欲断其事之是非，不可不先考其事之有无。成王果许祀周公以天子之礼乐焉，从来有种种之议论，而张燧之说最为得之。其言曰：

史者，载事之书也。以天子礼乐赐诸侯，岂细事哉？《左氏》未尝言之，《公羊》《穀梁》及《国语》皆未尝言之。《公羊》之言曰："鲁郊非礼也。"《左传》："隐公尝问羽数于众仲。众仲曰：'天子用八，诸侯用六，大夫用四，士用二。'公从之。于是初献六羽。"若八佾之赐，果出成王，则众仲胡不举以对？皋鼬之盟，苌弘欲先蔡。祝鮀述鲁、卫初封之宠命赐物，其说鲁之宠锡："大辂大旂，夏后氏之璜，封父之繁弱，土田陪敦，祝宗卜史，官司彝器"，纤悉毕举。使有天子礼乐之赐，鮀也正宜藉口以张大于此时，而反无一言及之乎？昭公曰："吾何僭矣哉！"子家驹曰："设两观，垂大辂，朱干玉戚以舞《大武》，八佾以舞《大夏》。此皆天子之礼也。"赐果出于成王，子家敢面斥昭公以僭而不讳邪？周公阅来聘鲁，飨有昌歜形盐而辞不敢受。宁武子聘鲁，鲁飨之，赋湛露、彤弓，而曰其敢干大礼。二子之辞，盖恶鲁之僭也。以是观之，可见鲁之僭尚未久，故上自天子之宰，下至邻国之卿，苟有识者，皆疑怪逊谢。而鲁人并无一言及成王之赐以自解。以此知其诬也。

　　　　　　　　　　　　　　　　周　公

按《吕氏春秋》云：“鲁惠公使宰让请郊庙之礼
于王，王使史角止之。”夫止之而有郊禘，是鲁
自僭也。然惠公虽请之，而鲁郊犹未率为常。僖
公始作《颂》，以郊为夸焉。记礼者以为鲁礼皆
成王赐之，以康周公，而疑似之说，遂至于今。
（《千百年眼》卷三）

此谓鲁之僭礼起于后世，则其非始于成王之时可知。曹之升
又以《明堂位》所记比较于《周官》而有下说，其言曰：

据《明堂位》，鲁公世世祀周公以天子之礼
乐。而周礼祫禘朝践用大尊，馈食用山尊，春
夏朝践用牺尊，馈食用象尊。鲁不用大尊，下
天子一等。周礼祫禘灌用虎彝蜼彝，冬烝灌用
黄目。鲁不用虎彝蜼彝，下天子一等。周礼王
加以玉爵，后加以璧角，宾加以璧散。鲁正爵
用玉瓒，君加用璧角，夫人加以璧散，下天子
一等。则鲁亦何尝概用天子礼乐哉？（《四书摭
余说论语》卷一）

观是，则鲁非悉用天子之礼乐也。《祭统》《明堂位》所记，

为后世鲁国之僭礼，而陋儒文饰之无疑。胡培翚《禘祫问答》，本马端临之说，谓成王许以禘礼祀周公，不及其他，转不免于附会矣。

周　公

# 第四章　周公学术思想之概观 [①]

## 第一节　周公时代之诗文及学风

欲探周公学术之渊源，不可不考周公时代之学风。欲知周公时代之学风，无如征于其时代及出于其时以前之文章与诗歌。

当夏、殷时，传记所载，设有东序、西序、右学、左学之大学，及校与序之小学。周初，于《大雅》之《灵台》、《文王有声》有辟雍。于《周颂》有西雝，西雝即辟雍也。盖行宴飨仪式之所，略当于大学。《豳风·七月》有"跻彼公堂，称彼兕觥。"《毛传》："公堂，学校也。"是即庠序之类，为小学。既有大小学校之设，则教育之行于当时可见。

其教育之结果遗存于今日者，出于殷末周初之诗歌与

---

① 原注：本章在原书入第二编，附译以见概略。

文章，就于《诗》《书》二经而可考也。其他《逸周书》亦有几分之可取。其作诗年代，虽多不能确定，姑本之《小序》，更参以三家及其他诸说，除其种种之异论，则周初之诗，大概可举者：于"国风"有《葛覃》《卷耳》《樛木》《螽斯》《桃夭》《兔罝》《芣苢》《汉广》《汝坟》《麟之趾》《鹊巢》《草虫》《采蘋》《行露》《羔羊》《殷其靁》《摽有梅》《小星》《江有汜》《驺虞》《东山》《破斧》《伐柯》《九罭》《狼跋》诸篇，于"小雅"有《皇皇者华》、《伐木》、《天保》、《鱼丽》、《南有嘉鱼》、《南山有台》、《蓼萧》、《湛露》、《彤弓》、《菁菁者莪》、《楚茨》、《信南山》、（《楚茨》《信南山》乃幽"雅"，非幽王诗。）《甫田》、《大田》，于《大雅》有《大明》《绵》《棫朴》《旱麓》《思齐》《皇矣》《灵台》《文王有声》《生民》《行苇》《既醉》《凫鹥》，于"颂"有《烈文》《天作》《我将》《臣工》《噫嘻》《振鹭》《丰年》《有瞽》《潜》《雝》《载见》《有客》《闵予小子》《访落》《敬之》《小毖》《载芟》《良耜》《丝衣》。惟其中或有周公之作，或非周公作而受周公之影响者，今不能严密区分，姑概略举之如上。

　　言其文章，于《商书》有《西伯戡黎》《微子》，于《周书》有《牧誓》《洪范》《酒诰》《梓材》《费誓》，于《逸周书》有《大匡》《程典》《文传》《武顺》《和寤》《武寤》《文政》《世俘》《商誓》《成开》《时训》《尝麦》。《逸周书》之文，或出东周以后不可知，而《和寤》《世俘》《尝麦》颇有古色，《世俘》稍不免于夸张。其他于《周书》记周公言行者，有《金縢》《大诰》《康诰》《召诰》《洛诰》《多士》《多方》《无逸》《君奭》《立政》诸篇，皆成于当时史臣之手，亦可窥其文学进步之状况也。

就以上所述，察当时之学风，重人伦，养德性，务为躬行实践，其意散见于各处。且深信天人相关之理，或不免陷于迷信，然亦注意实际的业务，决不自怠。于《七月》（其诗非周公作，次节详之）、《楚茨》、《信南山》、《甫田》、《大田》、《生民》、《公刘》诸篇，述尚农之意者甚多。可见其思想之坚实而不浮躁。

今自文学上观之，其文章诗歌之发达，诚为可惊。或温润敦厚，或沉痛悲壮，或则高古朴茂，或则雄浑庄严，虽各不同，而莫不赫赫照耀数千载之后，毫不失其光辉。岂非自唐、虞以来传承至于殷代文明之郁积而至此耶？

## 第二节　周公之学问及其著作

周公既生于文学极盛之时代，而于政治界又为前古未有之活动，其于学问上必有所研修无疑。尤其事于事变，进退从容，无所惊惧，且制作礼乐，致太平之盛，苟非素养之深，决所不能也。

今于其学修上之详细，虽不可考，然就其师承，亦略有所传者。《韩诗外传》云：

> 武王学乎太公，周公学乎虢叔。（卷五。《新序·杂事》五："武王学乎郭椒，周公学乎太公。"盖为其事之误传。）

《白虎通》谓："周公师虢叔。"（《辟雍》）《潜夫论》谓："周公师庶秀。"（《赞学》）今考虢叔者，《左传》云："虢仲、虢叔，王季之穆也。"（僖五年）是虢叔为文王之弟。《尚书·君奭》列举辅佐文王之诸臣，而首及虢叔，其次为闳夭、散宜生、泰颠、南宫括等。晋胥臣云："文王孝友二虢。"（《晋语》四）蔡邕《郭有道碑》谓："王季之穆，有虢叔者，实有懿德，文王咨焉。"（《文选》卷十二）则虢叔必当时优秀之贤材也。周公以叔父而师之，实为当然之事。至于庶秀其人，已无可考。意周公于虢叔、庶秀外，其赖于家庭父兄之薰陶者，亦当不少。《孟子》引公明仪之言："文王我师也，周公岂欺我哉！"（《滕文公上》）其言果信，可证周公之受其父之感化而勇往奋进者为何如矣。

当时所谓学问，必不止于读书习文而已，多实地的为智德上之研修，以发挥其本质之美者。与后世之所谓学问，聊异其趣。然亦未尝不可自其赋诗作文以推察其所学也。抑自周公之著作而研究其学术及思想，则根本不可不先确定其著作之真伪。今就于《诗》《书》一考周公之著作，则《尚书》为史官记录，无出周公亲笔者。《诗》则古来称为周公之作者不少，今择其有据于秦、汉以上之书者如下：

**《鸱鸮》**（《豳风》）

《尚书·金縢》："周公居东二年，则罪人斯得。于后，公乃为诗以贻王，名之曰《鸱鸮》。"《序》："《鸱鸮》，周公救乱也。成王未知周公之志，公乃为诗以遗王，名之曰《鸱鸮》焉。"其为周公作无疑。

**《文王》**（《大雅》）

《吕氏春秋》："周文王处岐，诸侯去殷三淫而翼文王。散宜生曰：'殷可伐也。'文王弗许。周公旦乃作诗曰：'文王在上，於昭于天。周虽旧邦，其命维新。'以绳文王之德。"（《古乐》）周公作此诗，盖在武王灭殷之后，感于往事而作耳。故汉翼奉上疏云："周至成王，有上贤之材，因文、武之业，以周、召为辅。有司各敬其事，在位莫非其人。天下甫二世耳。然周公犹作《诗》《书》，深戒成王，以恐失天下。《书》则曰：'王毋若殷王纣。'其《诗》则曰：'殷之未丧师，克配上帝，宜监于殷，骏命不易。'"（《汉书·翼奉传》）则其为周公作殆亦无疑。荀慈明曰："公旦《文王》之诗，不论尧、舜之德，而颂文、武者，亲亲之义也。"（《世说新语》卷二）此一证。

**《清庙》**（《周颂》）

刘向《封事》云："文王既没，周公思慕，歌咏文王之德。其诗曰：'於穆清庙，肃雝显相。济济多士，秉文之德。'"（《汉书·楚元王传》第六）王褒《四子讲德论》亦云："昔周公咏文王之德而作《清庙》，建为颂首。"（《文选》卷十一）《清庙》既周公作，其次《维天之命》《维清》二篇，文意殆相续。季本云："今考《清庙》一节，但言助祭者之肃雝，而尚未详文王之德，必合《维天之命》二节言之，而后见其德之纯。"（《诗说解颐》卷二十六）合《清庙》与《维天之命》《维清》为一篇。何楷从之，且曰："试观首章言'於穆'，而次章亦言'於穆'。首章言'不显'，而次章亦言'不显'。首章言'秉文之德，对越在天'，而次章即以'维天之命'与'文王之德'并言。又首章言'清庙'，而三章亦曰'维清'。其前后呼应，井然可数，此非同为一篇而何？"（《诗经世本古义·女部·清庙》）其说颇似有理。虽以三篇为一篇，或不尽合。然三篇之诗既有关连，则如《毛诗补传》所云:"《清庙》之宗祀于文王,周公之特制,则《清庙》之诗,周公之所作。与《维天之命》《维清》三篇相连,则亦同时之作,其出于一手,可类推矣"云云,以谓皆周公之作,盖非无谓矣。

**《时迈》**(同上)

《国语》载祭公、谋父谏周穆王之言曰:"周文公之颂曰:'载戢干戈,载櫜弓矢,我求懿德,肆于时夏。'"(《周语》上)《史记·周本纪》从之。《左传》有"武王克商,作颂曰'载戢干戈'"云云(宣十二年),陆平湖本其说,谓《国语》以为周文公之颂,或公润色此诗,以为后世巡守告祭所用,故内外传异说。(《毛诗订诂》八)然《左传》之言,亦非谓武王自作颂也,特谓颂作在其时耳。内外传不妨为同说也。

**《思文》**(同上)

《毛诗》孔疏:"《国语》云:周文公之为颂曰:'思文后稷,克配彼天。'是此篇周公所自歌,与《时迈》同也。"然今本《国语》(《周语》上)有"颂曰"而无"周文公"字,天圣明道本《国语》及黄应烈《札记》亦无说。惟韦昭注:"周公思有文德者后稷"云云,则今本盖脱之。孔颖达所据,盖完本也。

《武》（同上）

《庄子》："武王、周公作《武》。"（《天下》）《吕氏春秋》云："武王即位，以六师伐殷。六师未至，以锐兵克之于牧野。归，乃荐俘馘于京太室。乃命周公为作《大武》。"（《古乐》）则周公之作《武》，由武王之命也。观此，则前举之武王作颂，亦同例矣。《汉书·礼乐志》："武王作《武》，周公作《勺》。"以武王、周公分别言之，转远事实矣。

《酌》（同上）

《春秋繁露》："周公辅成王，受命作官邑于洛阳，成文、武之制，作《汋》乐以奉天。"（《三代改制质文》）《汉书》："周公作《勺》。《勺》言能勺先祖之道也。"（《礼乐志通·风俗通·声音篇》亦同。）《白虎通》："周公曰《酌》者，言周公辅成王，能斟酌文、武之道而成之也。"（《礼乐》）勺、汋、酌皆异文通用。

《周颂武》与《酌》，乃周公所作，汉前之说既如此。于是何楷本都敬之说，据《乐记》与《左传》，与《武》《酌》之外，合《赉》《般》《时迈》《桓》诸篇，为《武》乐之六成。其后魏源及仁井田好古又略加以修正，而采用其说，盖非无见。请试举其概略。

《乐记》论《大武》之乐曰：

周　公

夫乐者，象成者也。总干而山立，武王之事也。发扬蹈厉，太公之志也。《武》乱皆坐，周、召之治也。且夫《武》，始而北出，再成而灭商，三成而南，四成而南国是疆，五成而分周公左，召公右，六成复缀，以崇天子。夹振之而驷伐，盛威于中国也。分夹而进，事蚤济也。久立于缀，以待诸侯之至也。

乐曲一终为一成，而《武》则为六成之乐。《左传》又有楚庄王论《武》之言曰：

武王克商（中略）又作《武》。其卒章曰："耆定尔功。"其三曰："铺时绎思，我徂维求定。"其六曰："绥万邦，屡丰年。"（宣十二年）

据上举二条，以求《周颂》之诗，则一成者《武》也，二成《酌》也，三成《赉》，四成《般》，而六成则《桓》也。独五成何楷以《时迈》当之，而《左传》则以《时迈》在《武》之外，故《毛诗补传》易之以《执竞》，然《执竞》乃昭王以后诗，亦不当，宁不如魏源以为亡失之说为胜，故今姑除之。

一成　於皇武王，无竞维烈。允文文王，克开厥后。

　　　　嗣武受之，胜殷遏刘，耆定尔功。(《武》)

楚庄王引"耆定尔功"句谓之卒章，孔疏云："言卒章者，谓终章之句也。"

二成　於铄王师，遵养时晦，时纯熙矣，是用大介。我龙受之。

　　　　蹻蹻王之造，载用有嗣。实维尔公允师。(《酌》)

《白虎通》："周公曰《酌》者，言周公辅成王，能斟酌文、武之道而成之也。武王曰《象》者，象太平而作乐，示已太平也。合曰《大武》者，天下始乐周之征伐行武。"(《礼乐》)《礼记·明堂位》："下管《象》。"郑注："《象》谓《周颂·武》也。"则《大武》之乐含《酌》与《武》矣。

三成　文王既勤止，我应受之。敷时绎思，我徂维求定，

　　　　时周之命。

　　　　於绎思。(《赉》)

楚庄王引"铺时绎思，我徂维求定"之句，而谓"其三曰"，

　　　　　　　　　　　　　　　　周　公

是为三成无疑。其诗言武王既南还,行封爵也。

四成　於皇时周,陟其高山,隳山乔嶽,允犹翕河。
　　　　敷天之下,裒时之对,时周之命。(《般》)

《乐记》"南国是疆",谓巡狩于南方而处分诸侯也。《书序》:
"成王既践奄,将迁其君于蒲姑。"魏源、马国翰等释践奄为
行巡狩之事。奄在东方,武王灭殷自南还,巡狩黄河以南之
地,故曰南国是疆。

五成　诗阙

《乐记》"分周公左、召公右",为成王时事,既如前述。盖
《武乐》加入成王之事,所以定武王之功也。

六成　绥万邦,娄丰年,天命匪解。
桓桓武王,保有厥士,于以四方,克定厥家。
於昭于天,皇以间之。(《桓》)

楚庄王引"绥万邦,屡丰年"之句,而称"其六曰",明为
六成也。四成、五成虽有成王之事,而其末复以武王事为结,

故《乐记》谓"复缀以崇天子"，天子即武王也。

《大武》之乐如上，其初虽以武王之命而作，其成则在成王时矣。《武》《酌》二诗既为周公之作，谓其他四篇亦同为周公作，必非不合理之说也。五成之诗，今虽不可考，如《赉》《般》《桓》诸诗，则皆无可疑者。

周公之作，其有信据者如上。其他古来相传为周公之作，今仔细考之，有不必然者。《豳风·七月》《小雅·常棣》之类是也。《七月》篇序谓："周公遭变，故陈后稷先公风化之所由，致王业之艰难也。"此说殆如定论。然至金履祥、何楷、崔述、魏源等，皆以《豳》为旧诗《周本纪》云：

大王去豳，止于岐下。豳人举国扶老携弱，尽复归古公于岐下。及他旁国，闻古公仁，亦多归之。于是古公乃贬戎狄之俗，而营筑城郭宫室，而邑别居之。作五官有司。民皆歌乐之颂其德。

金履祥云：

详《七月》之诗，上至天文气候，下至草木昆虫，其声音名物，图书所不能及。安有去七百

岁而言情状物如此之详，若身亲见之者。又其末
无一语为追述之意。吾是以知其决为豳之旧诗也。
（《订诂》三）

崔述云：

　　《鸱鸮》以下六篇，皆周公时所作。此篇
（《七月》）若又出于周公，则是七篇皆与豳无涉，
何以名之为《豳》？（中略）且玩此诗，醇古朴
茂，与成、康时皆不类。窃尝譬之，读《大雅》
如登廊庙之上，貂蝉满座，进退秩如，煌煌乎大
观也。读《七月》，如入桃源之中，衣冠朴古，
天真烂熳，熙熙乎太古也。然则此诗当为大王以
前豳之旧诗，盖周公述之以戒成王，而后世因误
为周公所作耳。（《丰镐考信录》卷四）

似颇有理。惟谓其系夏代之诗，不如《周本纪》"民皆歌乐
之，颂其德"云云，以为太王时作之可信也。或疑周室兴起
以前，岐山为西北僻邑，似不能有此文化之程度。则姑据
《竹书纪年》考之，大王迁岐，为殷武乙元年，先周武王即
位百十年，而太王迁岐二十一年而薨。此其年数虽不尽确，

然略当近是。自武王即位以前百年内外，非有此文化之程度，亦不能见文、武时代之隆盛。是篇盖在太王时尝目击豳之情状，其后移位岐周而作，非周公作品也。

《常棣》之诗为召穆公作，《左传》富辰谏周襄王之言曰："召穆公思周德之不类，故纠合宗族于成周，而作诗曰：'棣常之华，鄂不韡韡。'"（僖二十四年）是也。然《国语》同述富辰之言，又以谓周公作，其言曰："周文公之诗曰：'兄弟阋于墙，外御其侮。'"（《周语》中）韦注云：

> 召穆公思周德之不类，而合其宗族于成周，复修作《常棣》之歌以亲之。郑、唐二君以为《常棣》穆公所作，失之矣。唯贾君得之。

《毛诗》孔疏云：

> 此诗自是成王之时，周公所作以亲兄弟也。但召穆公见厉王之时兄弟恩疏，重歌此周公所作之诗以亲之耳。

两说相同。今玩其诗，周公诚为处非常之变，不得已而杀己之兄弟，乃述兄弟之当亲，以期唤醒世人；则其诗中于己

　　　　　　　　　　　　　　周　公

之不得全其同气之爱之憾，自应痛切陈之。今乃不然，其曰"原隰裒矣，兄弟求矣"，又曰"兄弟急难"，"兄弟阋于墙，外御其侮"，措己事于度外，徒对人以友于兄弟相劝告，实为可疑，此诗恐非周公之所作也。若从《左传》之为召穆公作，则无碍矣。陈乔枞《鲁诗遗说考》谓《鲁诗》亦以《常棣》为刺诗，与《左传》同。则古来多有取其说者，今亦不以为周公作。

以上所述，汉以前以为周公作者，有《鸱鸮》《文王》《清庙》《时迈》《思文》《武》《酌》七篇。更自此推求，其可认为周公作者，有《维天之命》《维清》《赉》《般》《桓》五篇。此为考论周公之学术思想所决不可缺也。且不止此，如《鸱鸮》之恳到剀切，《文王》之雄大严正，颂诗之庄重简炼，均郁勃有兴国之气象。而《文王》一诗，首尾相衔，层层相受，《既醉》《下武》诸篇亦同，于作诗上开蝉联一法，其文藻亦为后世模楷。其为一代文运先驱诚宜矣。

记周公之言行最可信据者，无如《尚书》。今就《尚书》检之，《金縢》《大诰》《康诰》《召诰》《洛诰》《多士》《无逸》《君奭》《立政》《多方》十篇，皆记周公言行。又序谓《归禾》、《嘉禾》、《将蒲姑》、《亳姑》四篇，亦记周公事，今其书已佚，不可考。凡此诸篇，意非周公亲笔。《序》谓

"周公作《金縢》"、"周公作《君奭》"云云，恐不可信，要其为研究周公之材料，则殆可与亲笔无择也。

书籍之古来称为周公著作者，有《周官》《仪礼》《尔雅》。《周官》《仪礼》非周公作，当别论，今不具。《尔雅》者，魏张揖《进广雅表》有云："昔在周公，缵述唐、虞，宗翼文，武，克定四海、勤相成王。六年制礼以导天下，著《尔雅》一篇，以释其义。"陆德明本之，以《释诂》一篇为周公作，以下为仲尼、子夏、叔孙通、梁文等所增补。然其说实不足信，可不详论。

《诗》《书》之外，与周公关系最切者有《逸周书》。《逸周书》中记周公言行者，有《酆保》《柔武》《大开武》《小开武》《宝典》《酆谋》《寤儆》《克殷》《大聚》《度邑》《五儆》《五权》《成开》《作雒》《皇门》《大戒》《明堂》《本典》《官八》《王会》凡二十篇。称为周公之作者，有《周月》《月令》《谥法》三篇。要自《酆保》以下诸篇，纯驳不一，不可尽信。明郭棐以《逸周书》为周之野史，其说诚然。前举中如《度邑》《作雒》《皇门》三篇，文辞大奥，或为西周史官之遗编。昔人或以《王会篇》为奇古，然如秽人、良夷、高夷诸目，孔晁注："秽人，韩秽。良夷，乐夷。高夷，高句骊也。"果然，则非甚古矣。

《周月》有雨水、春分、谷雨、小满、夏至、大暑、处暑、秋分、霜降、小雪、冬至、大寒等，皆后世之名称，其非周公作，可勿详论。《月令》其文已佚，卢文弨自《吕氏春秋》补之。陈逢衡则曰：

> 《月令》全文，载在《吕氏》，又载《小戴篇》中。其中有无润色损益不可知。恐未必即《周书·月令》之旧，故仍从旧阙。（《补注》卷十五）

较为稳当。《逸周书·谥法解》开首有云：

> 维周公旦、太公望，开嗣王业，建功于牧之野。终，将葬，乃制谥，遂叙《谥法》。

则当周公时，尚未定此制也。且《谥法》中有"仁义所在曰王"云云，亦非周初之言。又云："谮诉不行曰明。"盖本《论语》："浸润之谮，肤受之愬，不行焉，可谓明也已矣！"（《颜渊》）周初谥法尚未普行，其后乃由渐而起，则崔述既论之，其言曰：

> 周既制此谥法，必先分别夫应谥之人，或通行于诸侯，或兼行于卿大夫。乃今以史考之，卫

康叔之后，五世无谥。齐太公、宋微子、蔡叔度、曹叔振铎皆四世无谥。太公以佐命之臣、始封之君，而竟无谥。周公子伯禽亦无谥。晋唐叔、子燮，父子皆无谥。周果制为谥法，何以诸国之君皆无谥乎？盖谥法非周之所制，乃由渐而起者。上古人情质朴，有名而已。其后渐尚文，而有号焉。至汤拨乱反治，子孙追称之为"武王"，而谥于是乎始。然而子孙卿士，未有敢拟之者。周之二王，谥为文、武，盖亦仿诸商制。以成王之靖四方也，故亦谥之曰"成"。而康王以后，遂仿而行之。犹之乎商有三宗，西汉亦有三宗，至后汉而宗始多，及唐、宋而遂无帝不宗也。周公有大功于天下，故其没也，成王特赐之谥。召公历相三朝，康王遂仿周公之例，而亦谥之。然皆以为特典，非以为常制也。是以成、康、昭、穆之代，诸侯谥者寥寥。数世之后，俗弥尚文，遂无不谥者。然卿大夫尚未敢拟也。至周东迁以后，而卿大夫始渐有谥。尝以《春秋传》考之，晋自文公以前，惟栾共叔有谥。（《国语》有韩定伯。）狐偃、先轸有佐霸之功，而谥皆无闻。至襄公世，赵衰、栾枝始有谥，而先且居、胥臣之属，仍以

周　公

字称，则是亦以为特典也。成、景以后，卿始以
谥为常。先縠三却以罪诛，乃无谥。降于平、顷，
则虽栾盈之以作乱死，荀寅、士吉射之失位出奔，
而靡不谥矣。鲁大夫有谥者，较他国为独多。然
桓、庄以前，卿尚多无谥者。昭、定之间，则荣
驾鹅、南宫说、子服、公父之伦，下大天靡不谥
者。郑大夫初皆无谥。至春秋之末，子思、子賸
亦有谥。惟宋大夫始终无谥。果周所定一代之制，
何以先后不齐，彼此互异若是。然则谥之由渐而
起，彰彰明矣。（《丰镐考信别录》卷三）

其说极明了，《谥法》非周公之制作，可断然矣。

然意古来称周公之制作者，虽不必成于周公之手，然
自周公以后之影响而产出者或不鲜。是等皆周公学术之支
流余裔，研究周公者，不可不并加参考也。《左传》晋韩宣
适鲁：

见《易》《象》与《鲁春秋》，曰："周礼尽
在鲁矣。吾乃今知周公之德与周之所以王也。"
（昭二年）

杜预《经传集解》乃谓发凡、言例皆周公之旧制；然韩宣子之言，不过见古代文物之保存而颂周公之遗泽，杜预之说误也。陆淳、柳宗元等尝辨之，其为附会之说可不复论。